美学视野下的
现代教育技术与教学研究

孔庆亮　陈　琳　著

中国商业出版社

图书在版编目(CIP)数据

美学视野下的现代教育技术与教学研究 / 孔庆亮，陈琳著. -- 北京 : 中国商业出版社，2024. 8. -- ISBN 978-7-5208-3100-0

Ⅰ. G40-057

中国国家版本馆 CIP 数据核字第 2024W1U011 号

责任编辑:朱丽丽

中国商业出版社出版发行

（www.zgsycb.com　100053　北京广安门内报国寺 1 号）

总编室:010－63180647　编辑室:010－63033100

发行部:010－83120835/8286

新华书店经销

北京虎彩文化传播有限公司印刷

*

787 毫米×1092 毫米　16 开　8.5 印张　150 千字

2024 年 8 月第 1 版　2024 年 8 月第 1 次印刷

定价:45.00 元

*　*　*　*

（如有印装质量问题可更换）

前　言

在当今社会，教育技术的发展日新月异，教学研究的领域也不断扩展，对教育本质和美学的重视程度日益加深。美学作为探索美、感知美、创造美的学问，不仅关乎艺术鉴赏与创作，还是一种深层次的思维方式和生活态度。在教育领域，美学观念可以帮助人们更好地理解教育实践中的美感，从而提高教学的质量和效果。将美学理念融入现代教育技术与教学中，旨在构建一个既高效又富有美感的学习环境，激发学习者的审美感知力、想象力和创造力，促进其全面发展。

本书从美学视野下的在线教育平台与教学入手，首先介绍了美学视野下的虚拟现实与增强现实技术教学、美学视野下的人工智能与机器学习技术教学；其次对美学视野下的交互技术与教学进行了讨论；最后对美学视野下的现代教育教学模式进行了探究。希望通过本书的介绍，能够为读者在美学视野下的现代教育技术与教学研究方面提供参考和借鉴。

本书主要汇集了笔者在工作、实践中取得的一些研究成果。在撰写过程中，笔者参阅了相关文献资料，在此，谨向其作者表示深深的感谢！

由于笔者水平有限，加之时间仓促，书中难免存在不足和疏漏，敬请广大读者批评指正。

孔庆亮　陈　琳

2024 年 7 月

目 录

第一章　美学视野下的在线教育平台与教学 …… 1

第一节　在线教育平台的概念与特点 …… 1

第二节　美学视野下的在线教育平台设计 …… 7

第三节　美学视野下的在线教育平台应用 …… 16

第二章　美学视野下的虚拟现实与增强现实技术教学 …… 23

第一节　虚拟现实与增强现实技术概述 …… 23

第二节　美学视野下的虚拟现实与增强现实技术教学设计 …… 29

第三节　美学视野下的虚拟现实与增强现实技术教学应用 …… 36

第三章　美学视野下的人工智能与机器学习技术教学 …… 45

第一节　人工智能与机器学习技术概述 …… 45

第二节　美学视野下的人工智能与机器学习技术教学设计 …… 51

第三节　美学视野下的人工智能与机器学习技术教学应用 …… 58

第四章　美学视野下的交互技术与教学 …… 66

第一节　交互技术概述 …… 66

第二节　美学视野下的交互教学设计 …… 75

第三节　美学视野下的交互技术教学应用 …… 85

第五章　美学视野下的现代教育教学模式 …… 96

第一节　美学视野下的翻转课堂教学模式 …… 96

第二节　美学视野下的混合式教学模式 …… 107

第三节　美学视野下的项目式教学模式 …… 119

参考文献 …… 129

第一章　美学视野下的在线教育平台与教学

第一节　在线教育平台的概念与特点

一、在线教育平台的基本定义

在线教育平台是基于互联网技术发展起来的一种教育模式，它通过集成多种教育资源与工具，为学生和教育者提供了一个远程教学与学习的数字化平台。这个平台不仅是一个简单的课程内容分发系统，而且包括教师与学生之间的互动、学习进度的追踪以及评估与反馈等多种功能。在线教育平台的核心在于通过信息化手段，打破了传统教育的时间与空间限制，为学生提供了更加灵活和多样化的学习路径。

在在线教育平台的多种形式中，在线课程平台、虚拟教室、学习管理系统(LMS)以及大规模开放在线课程(MOOCs)平台等是比较常见的。在线课程平台通常提供预录制的视频课程，学生可以根据自己的时间安排进行学习。虚拟教室则通过实时互动的方式，让教师和学生在同一时间内进行远程教学。学习管理系统(LMS)是一种综合性的教育管理工具，它不仅包含课程管理、成绩管理等功能，还能实现学生学习进度的追踪和数据分析。大规模开放在线课程(MOOCs)平台则是面向大众开放的大型在线课程平台，它允许成千上万名学生同时参加课程。

在线教育平台通过整合视频、音频、图文等多媒体资源，为学生提供了丰富的学习材料和互动方式，满足了不同学生的需求。视频课程可以帮助学生更直观地理解复杂的概念，音频材料则适合学生在碎片时间进行学习，图文资料可以作为重要的补充材料，帮助学生巩固知识。此外，在线教育平台还提供了多种互动方式，如在线讨论、实时问答、作业提交等，增强了学生的参与感和学习效果。

二、在线教育平台的主要特征

相比传统的教学模式，在线教育平台具有互动性、多媒体支持、个性化学习和跨时空特性等显著特征。这些特征不仅提升了教学效果，还为学生提供了更加灵活和个性化的学习体验。以下将详细探讨在线教育平台的这些关键特征。

在线教育平台的互动性是其区别于传统教育模式的第一个重要特征。在在线教育环境中，互动不仅表现在课堂内的实时交流，还延伸至课后答疑、作业反馈、讨论论坛等多种形式。通过这些多样化的互动渠道，学生能够得到及时且个性化的指导和反馈，从而增强学习的主动性和参与感。例如，在课堂内，学生可以通过即时聊天工具与教师互动，提出问题并获得即时解答。课后，学生可以在讨论论坛中与同学和教师继续探讨课程内容，分享学习心得和资源。作业反馈也不再是单向地批改，教师可以通过在线平台给出详细的评语和建议，学生则可以根据反馈进行反思和改进。此外，在线教育平台还充分利用人工智能技术，开发自动化答疑和反馈系统。这些系统可以根据学生的提问，迅速提供高质量的解答，并通过分析学生的学习数据，提出个性化的学习建议。互动性的增强，不仅提高了教学的效果，而且在很大程度上促进了学生的自主学习能力和批判性思维的发展。

在在线教育平台中，多媒体支持是提升教学效果的第二个重要特征。通过将文字、图像、视频、音频等多种媒体形式有机结合，平台能够提供丰富多彩的教学内容，极大地提高课程的趣味性和吸引力。多媒体技术的应用能够通过多感官的刺激，增强学生的记忆力和理解能力。例如，在数学或物理等学科的教学中，教师可以在讲解过程中嵌入相关的视频或动画，直观地展示抽象概念，使学生更容易理解复杂的理论和公式。在语言学习中，音频和视频材料可以帮助学生更好地掌握发音和语调，提高听说能力。此外，多媒体课件的互动性设计，比如，嵌入式的测验和练习，允许学生在学习过程中进行即时自我评估和反馈。通过多媒体的应用，教学内容变得更加直观、生动，有助于激发学生的学习兴趣和学习动力，从而提高学习效果。

个性化学习是在线教育平台的第三大特征，借助大数据分析和人工智能技术，平台能够根据学生的学习行为和表现，精准地识别其学习需求和薄弱环节，从而提供个性化的学习路径和资源。个性化学习不仅体现在内容的推荐上，还体现在学习进度的安排和评估方式的选择上。例如，平台可以根据学生的学习进度，适时提供难度适中的练习题目，并通过自适应测试调整后续的学习内容。对于一些需要特别关注的学生，平台还可以提供个性化的辅导和建议，帮助他们更好地掌握知识点。个性化学习的实现，大大提升了教学的针对性和有效性，满足了不同学生的个性化需求，从而促进了学生的全面发展。而这种针对性的教学，不仅帮助学生克服了学习中的困难，还能够激发他们的学习兴趣和动力，使学习变得更加高效和愉快。

在线教育平台的跨时空特性是其第四大优势。通过突破时间和空间的限制，在线教育平台使教学活动能够随时随地进行，极大地提高了学习的灵活性和便利性。学生可以根据自己的时间安排自主选择学习的时间和地点，而不再受限于固定的课堂时间和地点。这种灵活性不仅方便了学生的学习，而且为教师提供了更多的教学可能性。例如，教师可以通过预录视频课程进行异步教学，学生可以在任何时间观看和学习这些课程内容。实时视频会议则允许教师和学生进行同步教学和互动，尽管他们可能身处不同的地理位置。跨时空特性使教育资源得以广泛共享，促进了教育公平和优质教育资源的普及。一些地处偏远或资源不足地区的学生，通过在线教育平台也能接触到优质的教育资源，享受到与城市学生同等的教育机会。

三、在线教育平台的主要功能

在线教育平台功能涵盖广泛，旨在满足教师和学生在教学过程中的多样化需求。通过有效地利用这些平台的功能，教育过程变得更加灵活、互动和个性化，从而提升了学习效果和教学质量。

在线教育平台首先提供了丰富多样的教学资源，这些资源包括但不限于课件、视频、音频、电子书籍和在线测验等。教师可以根据课程的具体需求，灵活选择和使用这些资源，大大扩展了教学手段。比如，教师在讲授某个复杂概念时可以引用视频资料进行生动的示范，或者通过在线测验即时评估学生的理解情况。这种资源的丰富性和灵活性不仅使课堂教学更加生动有趣，还使学生通过各种不同的媒介和形式来理解和掌握知识点。资源共享功能的存在，让教师可以快速获取最新的教学材料，及时更新课程内容，保持教学的时效性和前沿性。对于学生来说，他们可以在平台上自主选择和利用最适合自己的学习资源，无论是预习新知识，还是课后补习，都能找到合适的资料。

在线教育平台的互动功能是一大亮点。这些平台通常集成了即时通信工具、在线讨论区和虚拟教室等功能，使师生之间、学生之间可以实现实时的交流与互动。例如，在虚拟教室中，教师可以通过视频、音频和文字互动的形式进行授课，学生可以随时提问和发表自己的见解，形成一个动态的学习环境，这种互动不仅提高了学生的学习积极性和参与度，还有效地促进了知识的吸收和理解。在线讨论区则为学生提供了一个交流和讨论的空间，他们可以在这里分享学习心得、讨论课题和互相答疑解惑。即时通信工具则让师生之间的沟通更加便捷和高效，学生在遇到问题时可以随时向教师求助，教师也能及时了解学生的学习进度和困难，进行有针对性的指导。

个性化学习支持功能是在线教育平台的一大突破，通过大数据分析和人工智能技术，平台可以对学生的学习行为和效果进行全面监测和分析。根据这些数据，平台能够为每个学生提供个性化的学习建议和学习路径。例如，平台可以根据学生的学习成绩、学习习惯和兴趣爱好，推荐适合他们的学习资源和学习计划。这样一来，不同水平和需求的学生都能够在平台上找到最适合自己的学习方式和节奏，实现真正意义上的因材施教。个性化学习支持不仅提高了学生的学习效率，还极大地提升了学生的学习体验，让他们感受到学习的乐趣和成就感。

评估与反馈功能也是在线教育平台的重要组成部分。通过在线测验、作业提交和自动评分等功能，教师可以自动生成详细的学习报告，帮助他们全面了解学生的学习进展和效果。这些报告包括学生的测验成绩、作业完成情况、参与度和学习习惯等多方面的数据，教师可以据此进行有针对性的辅导并及时调整教学策略。对于学生而言，平台的即时反馈功能让他们能够及时了解自己的学习成效，找到改进方向。这样，学生可以在学习过程中不断调整和优化自己的学习方法，从而提高学习效果。

另外，在线教育平台还具备强大的管理功能，为教育机构和教师提供了便捷的教学管理服务。平台可以实现课程安排、学生管理、成绩管理和资源管理等多项功能，极大地简化了教学管理的流程。教育机构可以通过平台更好地组织和协调教学活动，以确保各项教学任务的顺利进行。教师可以利用平台的管理功能更加高效地进行课程安排和学生管理，以减轻繁重的行政工作的负担，专注教学本身。对于学生来说，平台提供的有序和高效的学习环境，让他们能够更加专注学习，从而提高学习效果。

在线教育平台通过提供丰富的教学资源、强化师生互动、支持个性化学习、完善评估与反馈功能以及提高教学管理效率，极大地促进了现代教育的发展和进步。这些功能的综合运用，使教育过程更加灵活和高效，满足了教师和学生在教学和学习中的多样化需求。未来，随着技术的进一步发展和应用，在线教育平台必将在教育领域发挥更加重要的作用，为教育的创新和进步提供有力的支持。

四、在线教育平台的分类

(一)根据功能分类

在线教育平台根据其功能可以分为资源型平台、互动型平台和综合型平台三类。

1. 资源型平台

资源型平台主要提供教学资源的存储和分享。这类平台的代表包括 Coursera 和 Udemy。资源型平台的主要特点是拥有丰富的课程资源和专业的教学内容，涵盖了广泛的学科和领域。学生可以根据自己的兴趣和需求选择相应的课程进行自主学习。资源型平台通常由知名大学和专业机构提供课程，保证了教学内容的高质量和权威性，这些平台还提供视频讲座、课件、练习题和讨论论坛等辅助学习工具。然而，资源型平台的互动性相对较弱，师生之间的交流主要通过留言和讨论区进行，缺乏实时互动和即时反馈。这使学生在学习过程中可能会遇到难以解决的问题不能及时得到解答，从而影响学习效果。

2. 互动型平台

互动型平台则更加注重师生之间的交流和互动，如 Zoom 和 Teams。这类平台通过实时视频、在线讨论等方式增强师生互动和参与感。互动型平台适用于在线课堂、研讨会和实时教学，能够模拟真实课堂环境，提供即时反馈。教师可以通过视频会议实时讲解课程内容，学生可以随时提问和讨论，增加了学习的参与感和互动性。互动型平台的优势在于能够及时发现并解决学生在学习过程中遇到的问题，从而提升学习效果。然而，这类平台对网络环境和设备要求较高，稳定的网络连接和高质量的音视频设备是保证教学质量的前提。此外，互动型平台通常需要教师和学生在固定的时间参加课程，缺乏灵活性，这对于时间安排紧张的学生来说，可能不太适用。

3. 综合型平台

综合型平台集合了资源型平台和互动型平台的特点，提供全面的教学支持和管理功能，如 Blackboard 和 Moodle。这类平台不仅为教师提供了丰富的教学资源，还支持实时互动、作业管理、成绩评估等功能，满足不同教学需求。综合型平台的优势在于其全方位的教学支持能力，可以为教师和学生提供一站式的解决方案。教师可以通过平台发布课程资源、布置作业、评分评估；学生可以通过平台进行课程学习、提交作业、查看成绩。此外，综合型平台通常还具备学习分析功能，可以通过对学生学习行为的数据分析，提供个性化的教学建议和支持。然而，综合型平台的使用门槛较高，需要教师和学生具备一定的技术背景和培训，才能熟练地使用平台的各项功能。

(二)根据服务对象分类

在线教育平台根据服务对象的不同可以分为K12教育平台、高等教育平台和职业教育平台。

K12教育平台主要面向中小学学生，为其提供符合国家课程标准的教学资源和工具，如作业帮和学而思网校。这类平台根据中小学课程设置，为学生提供丰富的课程资源和辅导材料，帮助学生系统地学习各门学科知识。K12教育平台通常还具有家校互动功能，家长可以通过平台了解孩子的学习情况，配合学校进行家庭教育。这类平台的优势在于能够为学生提供个性化的学习支持，根据学生的学习进度和能力水平，推荐适合的学习资源和练习题，帮助学生有效提高学习成绩。然而，K12教育平台的使用也需要家长的辅助和监督，特别是对于年龄较小的学生，更需要家长进行引导和陪伴。

高等教育平台面向大学生和研究生，为其提供高水平的专业课程和学术资源，如edX和Coursera。高等教育平台通常与知名大学和学术机构合作，为学生提供权威的课程内容和学术资源，涵盖了广泛的专业和学科领域。学生可以通过平台学习到前沿的学术知识和研究成果，提高自己的专业素养和学术水平。高等教育平台还提供在线证书和学位项目，学生可以通过完成相应的课程和考试，获得权威的认证和学位证书。这类平台的优势在于能够为学生提供高质量的学术资源和学习机会，帮助学生在专业领域取得突破和进步。然而，高等教育平台的课程难度较大，对学生的自主学习能力和学术基础要求较高，需要学生具备较强的学习能力和自律性。

职业教育平台侧重于技能培训和职业发展，帮助学生提升职业技能和就业竞争力。这类平台根据市场需求和职业发展趋势，为学生提供实用的技能培训课程和职业指导，涵盖了IT技术、数据分析、市场营销、项目管理等多个领域。职业教育平台的课程内容通常由行业专家和资深从业者设计，具有很强的实用性和指导性。学生可以通过平台学习到最新的行业知识和技能，提升自己的职业竞争力，从而增加就业机会和职业发展空间。职业教育平台还提供职业认证和项目实训，帮助学生通过实际项目的训练，积累工作经验和提升实战能力。这类平台的优势在于能够为学生提供有针对性的技能培训和职业指导，帮助学生快速提升职业能力和就业竞争力。然而，职业教育平台的课程通常比较紧凑和集中，需要学生具备较强的学习动力和时间管理能力。

(三)根据教学模式分类

在线教育平台根据教学模式的不同可以分为同步教学平台和异步教学平台。同步教学平台强调实时互动和即时反馈,适用于实时课程和在线研讨会。同步教学平台通过视频会议、实时聊天、在线讨论等方式,提供师生之间的实时交流和互动。教师可以在课堂上实时讲解课程内容,学生可以随时提问和讨论,增加了学习的参与感和互动性。同步教学平台的优势在于能够及时发现并解决学生在学习过程中遇到的问题,为学生及时提供反馈和指导,提升学生的学习效果。然而,这类平台对网络环境和设备要求较高,稳定的网络连接和高质量的音视频设备是保证教学质量的前提。此外,同步教学平台通常需要教师和学生在固定的时间参加课程,缺乏灵活性,对于时间安排紧张的学生来说,可能不太适用。

异步教学平台则支持学生自主安排学习时间,适用于录播课程和自学材料。异步教学平台通过提供录播视频、课件、练习题等学习资源,帮助学生自主学习和复习。学生可以根据自己的时间安排和学习进度,自主选择学习内容和学习时间,灵活性较高。异步教学平台的优势在于能够为学生提供个性化的学习支持,根据学生的学习进度和能力水平,推荐适合的学习资源和练习题,帮助学生有效提高学习成绩。然而,异步教学平台的互动性较弱,师生之间的交流主要通过留言和讨论区进行,缺乏实时互动和即时反馈。这使学生在学习过程中可能会遇到难以解决的问题不能及时得到解答,从而影响学习效果。

第二节　美学视野下的在线教育平台设计

一、美学理念在在线教育平台设计中的应用

(一)色彩搭配与视觉平衡

色彩不仅能传递情感和信息,还能营造特定的学习氛围,提高学生的注意力和参与度。选择色彩时,应当考虑色彩的心理效应。例如,蓝色通常被认为是冷静和理性的颜色,适用于严肃的学习内容;橙色和黄色则具有活力和积极的特性,适用于互动和讨论型的学习模块。

视觉平衡则是通过合理的布局和设计元素的安排,使整个界面看起来和谐统

一，避免了色彩过于单一或过于杂乱，可以有效地提升用户的视觉舒适度。对比色的运用能够突出重要信息，使用户迅速抓住关键内容，而类似色的搭配则能营造出平和的视觉体验。在线教育平台在设计过程中，应充分考虑色彩的对比与协调，使平台界面不仅美观，还能有效地传达信息。

色彩搭配应与教学内容和目标相呼应。例如，在一个科学类课程的在线教育平台中，可以采用冷色系为主色调，以凸显科学的严谨和理性；在艺术类课程中，可以选择暖色系或多彩的色调，以激发创意和灵感。同时，色彩搭配应考虑到不同文化背景的用户对色彩的不同理解和偏好，从而设计出具有普适性和包容性的教育平台。

实现视觉平衡不仅依赖于色彩的运用，还涉及文字、图像、视频等多种元素的合理布局。合理安排这些元素，使界面既不显得过于拥挤，也不会过于空洞，可以提高用户的阅读效率和学习效果。视觉平衡的实现需要设计者具备一定的美学修养和设计经验，也需要不断进行用户测试和反馈，确保最终的设计能够满足大多数用户的需求。

（二）界面布局与用户体验

在线教育平台的界面布局不仅关系用户的使用便捷性，而且更深层次地影响着用户的学习体验和效果。界面设计需要考虑到美学原则，通过色彩、字体和空间等元素的合理搭配，不仅可以提升平台的视觉吸引力，还可以激发学生的兴趣与积极性。简洁明了的设计理念应贯穿始终，避免过多的信息堆积，确保用户在最短的时间内找到所需的功能和信息，从而提高学习的效率和愉悦感。

用户体验是在线教育平台成功与否的关键因素之一。良好的用户体验不仅体现在功能的完善和操作的便捷上，更体现在平台设计的人性化和个性化上。通过对用户数据的分析和用户的反馈，平台可以不断优化界面布局和功能设置，使其更加符合用户的使用习惯和需求。细节设计也至关重要，如加载速度、交互反馈和导航逻辑等，这些细微之处会极大地影响用户的整体感受。

在美学视野下，界面布局与用户体验的结合需要体现出一种和谐与统筹。色彩搭配宜柔和，为了避免过于刺眼的色调，字体选择应当考虑到阅读的舒适性与美观性，空间布局则应当合理分配，避免产生视觉疲劳。动画效果和过渡设计也需要适度运用，既要增加界面的动态感和趣味性，又不能分散用户的注意力，影响学习效率。

美学理念在在线教育平台的界面布局和用户体验设计中扮演着不可或缺的

角色。通过科学的设计方法和美学原则的运用,平台不仅能为用户提供高效的学习工具,还能为用户带来愉悦的学习体验,从而提升整体教育效果。高效且美观的设计能提高用户的参与度和满意度,使其在使用平台的过程中获得最佳的学习体验。

(三)字体选择与文字排版

在在线教育平台的设计中,需考虑字体与教育内容的匹配度,合适的字体能够增强内容的可读性,缓解视觉疲劳。例如,学术性较强的内容可以使用庄重、规范的字体,如宋体或黑体,以增强内容的严谨性;创意课程或艺术类课程则可以选择更具表现力的字体,以增添视觉趣味。

文字排版在在线教育平台的设计中同样至关重要。合理的排版设计能引导学生的阅读路径,提高信息获取效率,遵循简洁、清晰的原则,避免过多的装饰元素干扰阅读。通过适当的字距、行距和段落间距,可以创造出舒适的阅读体验,缓解视觉疲劳。不同层级的文本(如标题、正文、注释)应有明显区分,使学生能够快速抓住重点内容,以提高学习效率。

颜色的合理搭配在文字排版中也扮演着重要角色。配色不仅要美观,还需考虑视觉心理学的应用。高对比度的颜色可以突出重点,增强视觉层次感;柔和的色调则可以减轻视觉压力,创造愉悦的学习环境。针对不同的学科内容,可以选择与之相适应的配色方案,以提升整体美感和学习体验。

设计需要充分考虑用户的多样性。在线教育平台的用户群体广泛,包括不同年龄段和不同学习背景的学生,设计应具有普适性和包容性。为视力较弱的用户提供高对比度模式或大字体选项,确保所有学生都能获得良好的阅读体验。通过科学地运用美学理念,在线教育平台不仅能提升视觉美感,还能有效促进教育内容的传播,提升教学效果。

二、在线教育平台界面设计的美学考量

(一)用户界面的美学标准

1.视觉设计

视觉设计应注重简洁和清晰,以减轻学生在操作过程中的认知负荷。现代教

育研究表明,复杂且杂乱的界面设计会导致学生注意力分散,从而影响学习效果。因此,在线教育平台的界面设计应遵循“少即是多”的原则,确保界面元素简洁明了、布局合理、信息层次分明。简洁的设计不仅能减轻学生的认知负荷,还能使操作更加直观高效。

2. 色彩搭配

色彩不仅是装饰元素,而且对用户的情绪和注意力有显著的影响。教育心理学研究表明,柔和且协调的色彩搭配能够营造出舒适的学习环境,增强学生的学习积极性。在线教育平台应根据教育内容的性质和目标受众的特点,选择适宜的色彩方案,避免使用过于鲜艳或刺眼的颜色,以防止视觉疲劳。适当的色彩搭配还能帮助强化关键信息的传递,以提高学生对内容的理解和记忆。

3. 字体选择

适宜的字体能提高用户阅读的舒适度和理解效率。教育技术专家建议使用易于阅读的无衬线字体,确保文字大小适中,行间距合理。过小的字体会增加阅读难度,而过大的字体则可能显得拥挤且不专业。合理的字体设计不仅有助于信息的传递,还能提升整体界面的美感,从而增强用户的使用体验。

4. 互动设计

良好的互动设计能够增强用户体验,提高用户学习的参与度和互动性。现代教育技术强调界面设计应具有人性化特点,操作流程应简便直观,尽量减少用户的学习成本。通过合理的动画效果和即时反馈机制,可以提升用户的使用体验,使学生在学习过程中感受到愉悦和成就感。互动设计不仅可以提升学习的趣味性,还可以激发学生的学习动力。

(二)操作便捷性与美观性的平衡

在线教育平台的界面设计不仅要美观,还必须兼具操作的便捷性。实现这种平衡对于用户体验至关重要。美学设计注重视觉的吸引力,通过色彩搭配、图形布局及字体选择等元素,增强用户的视觉愉悦感。然而,仅仅注重美观而忽视操作的便捷性,可能会导致用户在使用过程中遇到困难,从而影响学习效率。因此,设计师需要在美学和功能之间找到一个最佳的平衡点,使界面既美观又易于操作。

操作便捷性可以通过简化界面设计来实现。减少不必要的视觉元素，避免过多的动画效果，这些都可以帮助用户更容易地找到所需功能。界面设计应该遵循一定的逻辑和用户习惯，使用户在使用时能够快速操作，包括导航栏的设计、按钮的位置以及信息的层级结构等方面。通过这些措施，可以在保证美观性的同时，极大地提高操作的便捷性。

在线教育平台的界面设计需要考虑到不同用户群体的需求。不同年龄、不同教育背景的用户对于界面的操作便捷性和美观性的需求可能有所不同。设计师需要通过用户调研和数据分析，了解目标用户的偏好和使用习惯，从而在设计中做出相应的调整。比如，针对年轻的用户群体，可以采用更加活泼的色彩和动效设计；针对年长用户，则可能需要更大的字体和更简洁的布局。

在美学视野下，要实现操作便捷性与美观性的平衡，需要设计师具备深厚的美学功底和对用户体验的敏锐洞察力。在实际设计过程中，设计师可以通过反复的用户测试和反馈，不断优化和调整界面设计，最终实现美观与便捷的完美结合。这不仅提升了用户的满意度，而且为在线教育平台的推广和使用奠定了良好的基础。

设计师在创建在线教育平台界面时应注重细节和整体布局，确保用户在视觉上感到舒适，操作时方便快捷。通过合理的设计策略，将美观性与便捷性结合，不仅能提高用户的学习效率，还能增强平台的吸引力和竞争力。最终，通过不断的优化和调整，使用户体验达到最优状态，推动在线教育平台的成功。

三、在线教育平台多媒体素材的美学整合

（一）图片与视频素材的选取

在现代在线教育平台的设计中，通过精心挑选这些素材，不仅能增强学生的学习兴趣，还能帮助他们更直观地理解和掌握知识点。因此，教师在选择图片和视频素材时，必须兼顾美学价值和教育功能。

图片素材的选取需特别注重视觉美感与教育目标的结合。高质量、高分辨率的图片能提升学生的视觉体验，而色彩搭配和谐、构图合理的图片则能引发学生的审美享受。图片内容必须与课程主题紧密相关，确保能够直观地传达教学信息，避免使用与课程内容无关或可能干扰学生注意力的图片。教师应根据教学目标和学生的认知水平，选择最适合的图片素材，以达到最佳的教学效果。

视频素材的选取同样需要兼顾美学与教育的双重价值。优质的视频素材应具备清晰的画质、流畅的播放效果和良好的音质。同时，视频内容必须与课程主题高度契合，以确保学生能够集中注意力并进行有效学习。视频时长要适中，避免过长或过短，以免影响学生的学习效果。视频中的画面切换、镜头运用、背景音乐等元素都应经过精心设计，确保整体上给人以美的享受，从而激发学生的学习兴趣和积极性。

在实际操作中，教师可以利用现代教育技术提供的多种工具和资源库，选择和制作符合美学标准的图片和视频素材。通过合理整合这些素材，可以打造出富有美感且功能性强的在线教育平台，为学生创造一个优质的学习环境，让他们在愉悦中高效地掌握知识。通过科学、审美、教育功能三者结合，在线教育平台能够为学生提供更加丰富和多样化的学习体验。

（二）音频素材的使用

在现代在线教育平台中，音频素材的使用不仅丰富了教学内容，还显著提升了学生的学习体验和效果。从美学角度来看，音频素材的选取和设计需要关注其音质、内容和呈现方式等多个方面。高质量的音频素材能带来更好的听觉享受，使学生在学习过程中感受到美的熏陶和感染，从而激发他们的学习兴趣和动力。

音频素材的音质是其美学价值的重要体现之一。清晰、纯净的音质能够避免学生在听课过程中因杂音而分心，保证信息有效传达。不仅如此，不同音频素材的音质特性还会影响学生的情感体验。例如，柔和的背景音乐可以营造轻松愉快的学习氛围，而庄重的背景音乐则可以增强内容的严肃性和权威性。在选择音频素材时，应根据教学内容和教学目标合理搭配音质特性，以达到最佳的美学效果。

在内容方面，音频素材应与教学内容紧密结合，做到有的放矢。教学音频可以包括教师讲解、专家访谈、故事叙述、音乐片段等多种形式，每种形式的音频素材都有其独特的美学价值和教育功能。例如，教师讲解可以通过声调和语速的变化来吸引学生的注意力，专家访谈可以提供权威的知识和观点，故事叙述能够通过生动的语言和情节激发学生的想象力和思考能力。通过这些内容的精心设计和合理整合，可以实现教学内容的丰富性和多样性，从而提高在线教育平台的整体美学水平。

音频素材的呈现方式也是其美学整合的重要环节。在在线教育平台中，音频素材的播放界面设计应简洁、美观，操作便捷，避免复杂的操作步骤给学生带来困扰。同时,可以通过视觉元素的辅助,如同步显示文字、图片或动画,增强音频内容的表现力和感染力。音频素材的播放节奏和时间安排也需要科学合理,避免过长的音频内容导致学生的注意力分散和学习疲劳。通过这些细节的优化,音频素材可以更好地融入在线教育平台的整体美学设计中,从而提升教学效果和用户体验。

(三)动画与交互元素的应用

在现代在线教育平台的设计中,动画与交互元素的应用不仅提升了平台的视觉吸引力,还在提升学生的注意力和参与度方面发挥了重要作用。动画通过动态视觉效果,能够有效地传达复杂的概念和信息,使学习内容更加生动形象。这种动态展示方式相较于传统的静态图片或文字,有助于学生更直观地理解和记忆教学内容。例如,在讲解物理定律或化学反应时,动画可以展示过程的动态变化,帮助学生更好地理解难以用语言描述的细节。

交互元素通过增加用户和平台之间的互动,强化了学生的学习体验。交互式的设计不仅包括简单的点击和滑动操作,还可以通过一些复杂的交互设计,如模拟实验、虚拟现实体验等,增强学生的沉浸感。这种互动性强的设计能够激发学生的好奇心和探索欲,从而提高学生学习的自主性和积极性。例如,在线实验室允许学生通过虚拟环境进行科学实验,使他们能够在安全的虚拟空间中探索和学习。

从美学角度来看,动画和交互元素的合理应用能够提升整个在线教育平台的美学品质。动画的流畅性和视觉效果需要与课程内容紧密结合,避免过于花哨或喧宾夺主。交互元素的设计则需要考虑用户体验的平衡,既要简洁易用,又要具有足够的趣味性和挑战性。这种美学上的把握既是对设计师专业能力的考验,也是对教育内容有效传达的一种保障。一个设计良好的平台,不仅能吸引学生的注意力,还能为学生提供愉悦的学习体验。

动画和交互元素的应用还需要考虑技术实现的可行性和平台的运行效率。过多或过于复杂的动画和交互设计可能会导致平台加载速度慢、用户体验差等问题。因此,在设计过程中,应综合考虑美学效果与技术实现的平衡,在保证平台运行流畅的前提下,最大限度地发挥动画和交互元素的美学价值和教学效果。技术团队需要确保平台平稳运行,并且在不同的设备和网络条件下都能提供一致的体验。

动画与交互元素在现代在线教育平台中的应用,不仅提升了平台的视觉和交互体验，还在教学效果和用户满意度方面展现出了巨大潜力。合理设计和应用这些元素，不仅能增强学生的学习动机，还能促进他们对知识的深入理解和长期记忆。通过不断优化和创新，在线教育平台能够更好地服务于广大用户，实现教育资源的公平和高效分配。

四、在线教育平台知识图谱的可视化美学

（一）知识图谱的设计原则

知识图谱作为一种将知识点及其相互关系进行结构化表示的方法，其设计原则在教育领域尤为重要。设计者不仅需要注重知识的准确性和全面性，还需要考虑图谱的美学效果，以提升学生的学习体验和学习效果。以下将详细探讨知识图谱设计的关键原则。

1.简洁明了

复杂的图谱结构容易导致信息过载，使学生难以有效地理解和应用知识。设计者应注重图谱的层次结构，通过节点的简化和关系的清晰展示，使知识点之间的关联一目了然。这种设计能够帮助学生在学习过程中逐步掌握知识，实现由浅入深的认知过程。

2.色彩搭配

合理的色彩设计不仅能提升图谱的美观度，还能有效区分不同类型的知识点与关系。在色彩选择时，应考虑色彩的心理效应，例如，冷色调能够帮助学生集中注意力，而暖色调则有助于营造轻松愉快的学习氛围。同时，色彩的使用应确保图谱的清晰和易读，避免过于繁杂，以免分散学生的注意力。

3.布局设计

合理的布局不仅能提高图谱的可读性，还能深化学生对知识结构的理解。布局设计应遵循对称性和比例的原则，使图谱具有视觉平衡感。此外，节点和边的排布应尽量避免交叉和重叠，以减少视觉上的混乱，提升学生对知识点关系的直观感受，这样的设计能够让学生更容易建立起知识点之间的联系，形成系统的认知结构。

4.交互设计

通过引入交互元素，学生可以动态地探索知识点及其关系，从而加深理解。例如，点击某一节点可以显示相关的详细信息或关联知识点，这种设计不仅增加了学习的趣味性，还帮助学生在自主学习中不断发现和联结新的知识。交互设计使知识图谱不仅是静态的展示工具，更是动态的学习平台，能够激发学生的学习兴趣和主动性。

知识图谱的设计应在美学与功能性之间取得平衡，既要追求视觉上的美感，又要确保教育效果的最大化。知识图谱通过简洁明了的结构、合理的色彩搭配、精心的布局设计和丰富的交互元素，成为有效的学习工具，帮助学生更好地理解和掌握复杂的知识体系。设计者应在这些原则的指导下，持续优化和创新知识图谱的设计，为学生提供更优质的学习体验。

（二）知识图谱的视觉呈现

在现代教育技术的研究领域中，知识图谱在在线教育平台中的应用不仅能系统化地组织和展示知识，还能显著增强学生的学习体验和认知效果。从美学视角出发，知识图谱应遵循视觉美学的基本原则，如对称性、平衡性、对比度和色彩协调，以确保信息传递的有效性和视觉舒适性。

知识图谱的布局设计需要考虑对称性和平衡性。对称性的设计能够创建视觉上的平和感，使学生在浏览图谱时感到舒适和愉悦。平衡性的设计能避免图谱信息过度集中在某一部分，从而防止信息过载。通过合理的结构设计，知识图谱可以实现信息的层次化展示，增强学生对知识点的理解和记忆。这样的设计不仅确保了信息的均匀分布，还能有效地提高学生的信息处理能力。

色彩的运用在知识图谱的视觉呈现中至关重要。色彩不仅可以区分不同类型的信息，还能通过色彩心理学的原理影响学生的情绪和注意力。选择合适的色彩搭配，如冷暖色调的对比、中性色的调和等，可以提升知识图谱的美感和可读性。色彩的饱和度和亮度也需适度控制，以避免视觉疲劳和信息干扰。合理的色彩运用不仅能增强图谱的视觉吸引力，还能提高学生的学习专注度和信息吸收效率。

知识图谱的视觉呈现应注重图形与文字的结合。图形化的元素，如节点、连线等，可以直观地展示知识之间的关系和层级，帮助学生快速理解复杂的信息结构。文字则应简洁明了，作为图形的补充说明，通过图文结合的方式，知识图谱能更好地传达复杂的信息。这种设计方式不仅能帮助学生建立全面的知识网络，还能显著提高学生的学习效率和知识内化程度。

知识图谱的视觉呈现不仅是信息的展示，更是一种美学体验的创造。通过遵循视觉美学的基本原则，设计出对称、平衡、色彩协调且图文结合的知识图谱，可以显著提升在线教育平台的教学效果，促进学生的深度学习和知识内化。这种设计不仅有助于知识的系统化组织和展示，还有助于增强学生的学习体验和认知效果，推动现代教育技术的发展。

第三节　美学视野下的在线教育平台应用

一、美学视野下的在线教育平台师生互动

（一）互动界面的美学设计

在当今快速发展的在线教育平台中，互动界面不仅是信息传递的媒介，更是师生交流的桥梁。为了提高师生之间交流的效率和效果，互动界面的设计应遵循简洁友好的原则。简洁的界面设计可以减少用户的认知负荷，使师生能够迅速找到所需功能，从而专注于教学内容本身。界面设计应避免使用过多的装饰元素，以清晰明了的图标和文本引导用户进行操作。统一的导航栏、明显的按钮和适当的空白区域，可以有效地提升用户体验，减少操作复杂性。互动界面的响应速度和稳定性也是影响师生交流效率的重要因素。设计和开发在线教育平台时，应注重优化界面的加载速度，确保页面的切换流畅无延迟。通过使用高效的编程技术和优化服务器性能，稳定的互动界面不仅能提升用户的满意度，还能减少因技术问题导致的教学中断，从而保障教学活动的连续性和流畅性。

色彩和布局在互动界面的美学设计中同样具有重要地位，合理的色彩搭配不仅能吸引用户的注意力，还能传达情感和氛围，提升用户的视觉体验。在在线教育平台中，使用柔和且不刺眼的颜色，如浅蓝、浅绿等，可以营造一种宁静、舒适的学习环境，以减少长时间使用电子设备带来的视觉疲劳。色彩对比度的适当运用可以突出重要信息和功能按钮，增强界面的可操作性。在布局设计方面，信息的层次化和结构化是关键，这有助于用户快速获取所需信息。模块化的布局设计可以将不同类型的信息分区展示，使界面更加整洁有序，将公告、课程内容、讨论区

等功能模块化布局，既能帮助用户快速定位所需功能，又能避免信息过载。布局设计还需考虑用户的使用习惯和操作便捷性，以确保各个功能区之间的切换流畅自然，提升整体使用体验。

通过科学合理的色彩和布局设计，不仅能提升互动界面的美学效果，还能为师生营造舒适、高效的在线学习环境，从而促进教学目标的实现。简洁友好的互动界面与舒适的色彩布局相结合，能有效地提升在线教育平台的整体使用体验，最终实现高效的师生交流和互动。

（二）互动工具的美学优化

在美学视野下，在线教育平台的师生互动工具不仅需要功能强大，还必须在界面设计上追求视觉美感和用户体验的优化。界面设计应遵循美学原则，如色彩搭配协调、界面布局合理、字体选择得当等。这些因素能够使用户在使用时感到舒适和愉悦，从而提高互动的积极性。视频工具的界面应具备高清画质、流畅播放及便捷操作等特点，并在界面设计上注重视觉平衡，避免因界面杂乱而影响用户的观看体验。讨论工具的界面应支持多线程讨论，界面设计应突出各讨论线程的层次关系，使用户能够轻松追踪并参与讨论。

互动工具的功能优化同样至关重要。功能优化不仅包括基本的聊天、视频通话和讨论功能，还应考虑增加一些智能化和个性化的功能。例如，聊天工具可以加入智能回复和翻译功能，以便于跨文化交流；视频工具可以增加虚拟背景和实时字幕功能，提升用户的参与感和便利性；讨论工具可以引入话题推荐和讨论总结功能，帮助用户更高效地进行学术交流。在功能设计上，应注重人性化和易用性，使用户能够轻松操作，减少学习成本。

在在线教育平台中，表情和贴图等辅助工具的使用能显著增加互动的趣味性和情感表达的丰富性。表情和贴图不仅是文字交流的补充，更是情感传递的重要载体。多样化的表情和贴图能够帮助用户在交流中更加生动地表达情感，避免文字交流的单调和误解。在设计这些辅助工具时，应注重其美学价值和文化内涵，既能使其富有美感，又能够契合教育场景的需求。

为了提高互动的趣味性，在线教育平台可以提供定期更新的表情和贴图库，保持用户的新鲜感。同时，可以引入用户自定义上传功能，允许用户根据个人喜好和教学需要上传和分享表情和贴图，增加互动的多样性和自主性。此外，表情和贴图的设计应考虑到不同文化背景和年龄层次的用户需求，避免文化冲突和误解。在使用表情和贴图时，教师应引导学生合理使用，避免过度依赖和滥用，以确保互动的有效性和教育性。

通过优化互动工具的界面和功能，提高用户体验，并提供丰富的表情、贴图等辅助工具，在线教育平台能够在美学视野下实现更高效、更愉快的师生互动。这不仅有助于提升教学效果，还有助于增强师生之间的情感联系，营造积极的在线学习氛围。在线教育平台的美学优化不仅是技术的进步，更是教育质量和用户体验的全面提升。

二、在线教育平台社群文化的美学塑造

（一）社群文化的美学要素

1. 界面设计

在线教育平台的界面设计很大程度上决定了用户的第一印象，也间接影响了用户的学习体验和参与度。通过合理的界面设计，可以最大限度地提升平台的美学价值，使学生在使用过程中获得愉悦的视觉体验。例如，通过色彩搭配、字体选择、图片和视频的合理嵌入，可以使界面更加协调、美观和易于导航。界面设计还应注重人性化，提供易于使用的功能和清晰的操作指引，避免复杂的操作步骤和冗余的信息，使用户能够专注于学习内容。

2. 内容策划

内容策划是另一个关键方面，它不仅是指教学内容的安排和呈现方式，还包括如何通过内容激发用户的学习兴趣和动力。通过策划具有美学价值的内容，例如，高质量的课件、富有创意的互动环节以及多样化的学习资源，可以使社群文化更加丰富多彩。教育平台可以创造一种沉浸式的学习环境，使学生在享受美学体验的同时，提高学习效果和满意度。

3. 注重社群活动的组织和宣传

在线教育平台不仅是一种提供学习资源的工具，更是一个汇聚学生的社群。组织和宣传各种社群活动可以极大地增强社群的凝聚力和吸引力。社群活动的形式可以多种多样，如在线讨论、主题研讨会、学习竞赛、项目合作等。通过这些活动，学生不仅可以加深对学习内容的理解，还可以与其他学生交流经验、分享心

得,形成一个积极互动的学习社区。

4.注重活动的美学价值

在组织社群活动时,应注重活动的美学价值,通过精心设计的活动宣传海报、吸引人的活动介绍、活泼的活动氛围等,提升活动的吸引力和参与度。活动的宣传不仅依赖于平台内部的公告,还可以通过社交媒体等多渠道进行推广,扩大活动的影响力和覆盖面。活动的效果评估和反馈机制也是社群活动组织中不可或缺的一环,通过及时收集和分析学生的反馈,可以不断优化活动的设计和实施,从而提高活动的质量和效果。

通过平台的界面设计和内容策划,营造具有美学价值的社群文化,注重社群活动的组织和宣传,可以有效增强在线教育平台的凝聚力和吸引力,提升学生的体验和满意度。这不仅有助于打造一个具有美学价值的学习环境,而且为在线教育平台的长远发展奠定了坚实的基础。

(二)社群活动的美学设计

在现代教育技术与教学的背景下,设计有趣、有意义的社群活动,能够有效吸引成员积极参与。社群活动不仅需要内容丰富、具有教育意义,还需要注重活动的美学价值。例如,可以设计一个线上艺术创作比赛,邀请学生们以特定主题进行绘画、摄影或视频创作。此类活动不仅能激发学生的创造力,还能在作品展示过程中形成美学共享,增强社群的凝聚力。通过这样的活动,成员们不仅能展示自己的才华,还能在互动和交流中获得满足感和归属感。定期举办线上读书会或文化沙龙也是很好的选择,通过精心挑选的书籍和主题,营造出一种高雅而有深度的文化氛围,使成员在参与过程中获得美的享受和精神上的满足。

社群活动的视觉设计是提升整体美学体验的关键环节。通过设计精美的活动海报、邀请函和社群页面,可以吸引成员的注意力。和谐的色彩搭配、简洁大方的排版以及富有创意的图形元素,能够使活动在视觉上给人以美的享受。互动形式也需要精心设计,例如,采用富有创新性的线上投票、实时互动答疑和虚拟现实体验等方式,使活动更具有互动性和趣味性。在一个线上科学实验活动中,可以利用虚拟现实技术让学生身临其境地参与实验过程,通过互动界面实时获取反馈,增强学习的沉浸感和趣味性。这些视觉和互动设计不仅能提升活动的美学体验,还能有效促进成员的积极参与,提高成员的学习效果。

通过精心设计的社群活动，不仅能使成员获得丰富的教育体验，还能提升他们的归属感和参与感。结合美学视野来策划活动，能够在教育与娱乐之间找到完美的平衡点，使活动更具有吸引力和感染力。希望通过这些建议，社群活动在内容和形式上都能达到新的高度，带给成员更加美好和有意义的体验。

三、在线教育平台情感共鸣与激励机制的美学构建

（一）情感共鸣的美学策略

在美学视野下构建在线教育平台，不仅要关注教育内容的质量，更应注重平台的视觉体验和情感体验。这一策略不仅能提高学生的参与度，还能增强他们的情感共鸣和学习动力。以下将详细探讨通过平台视觉和内容设计营造温馨、友好的学习氛围，以及利用美学元素提升用户情感共鸣的具体方法。

在现代教育技术中，视觉设计的重要性不容忽视。在线教育平台的视觉设计不仅是用户初次接触教育内容的第一印象，而且直接影响着学生的情感状态和学习体验。通过温暖柔和的色彩搭配、简洁清晰的界面布局，平台能够营造出一种温馨、友好的学习氛围。这种设计策略在一定程度上缓解了学生在线学习的孤独感，使学生在心理上感受到被关怀和支持，从而激发他们的学习兴趣与积极性。

内容设计同样是情感共鸣的关键环节。教育内容的呈现方式应注重视觉美感和人性化设计。例如，使用图文并茂的形式、适当的动画效果以及富有创意的视频材料，能够使学生感受到内容的丰富性和趣味性。这不仅能提升学习的互动性，还能在视觉和情感上给予学生舒适的体验，使他们更容易沉浸于学习过程。平台设计者应把握这一点，通过精美的视觉元素和人性化的内容安排，建立起学生与平台之间的情感连接。

平台的视觉和内容设计应有机结合，形成一种整体的美学风格。这种整体性不仅体现在色彩、字体和布局的一致性上，还包括内容呈现的连贯性和逻辑性。通过统一的美学风格，平台能够在视觉上提供一种连贯的体验，使学生在长时间的学习过程中保持良好的情感状态。这样的设计策略不仅提升了用户体验，还提高了学习效率。

美学元素在在线教育平台中的应用，不仅在于提升视觉体验，更在于通过情感共鸣增强学生的内在动机。音乐、声音效果、动态图片等美学元素，可以在学习

过程中适时地激发情感共鸣。例如，在学习任务完成时播放一段愉悦的音乐，或在学习过程中穿插一些具有激励效果的动画，都能有效提升学生的成就感和满足感。

平台设计者应当充分利用这些美学元素，使得学习过程不仅能实现知识的传递，更能激发情感共鸣。通过美学元素的巧妙运用，平台能够在学生心中留下深刻的印象，使他们在情感上与平台产生共鸣。这种共鸣不仅有助于增强学生的学习动机，还有助于在潜移默化中提升他们的审美素养和文化品位。

美学元素的应用也应因人而异，考虑到不同学生的个性化需求。通过大数据分析和人工智能技术，平台可以为每一位学生定制个性化的美学体验。例如，根据学生的兴趣和情感状态，动态调整页面的视觉效果和内容呈现方式，使每一位学生都能在专属的美学环境中获得最佳的学习体验。这不仅能提升学习效果，还能有效地增加用户黏性，使学生在长期使用过程中保持高涨的学习热情和积极性。

通过美学策略的有效应用，在线教育平台不仅能提供高质量的教育内容，还能通过视觉和情感层面的设计，增强学生的情感共鸣和学习动机。这种双重提升将有助于构建更加人性化和高效的学习环境，推动在线教育的进一步发展与普及。

（二）激励机制的美学应用

在现代在线教育平台中，激励机制的设计不仅是为了提高学生的参与度和持续性，更是为了在美学层面激发学生的情感共鸣。精美的奖章、证书等激励物品的设计应融合美学元素，使其不仅具备激励功能，还能成为学生的荣誉象征。在设计这些物品时，可以考虑使用高质量的材质和考究的工艺，如金属奖章、精装证书等，提升其质感和收藏价值。在视觉设计方面，需注重色彩搭配、图案设计和字体选择，使其具有艺术美感和独特性，从而能够在视觉上和触觉上都给予学生愉悦的体验。

这些精美的激励物品不仅能增强学生的成就感，还能在社交平台上引发分享和传播，形成良好的口碑效应。例如，学生在获得奖章或证书后，可能会自发地在社交媒体上分享，这不仅是对自己学习成果的认可，更是对平台的无形宣传。因此，在设计这些激励物品时，需考虑其在不同媒介上的展示效果，确保在照片或视频中也能呈现出它的美学价值。

互动和反馈机制是在线教育平台激励用户的重要手段。在美学视野下，这些机制不仅要注重功能性,更要关注其用户体验的美学质量。通过设计多样化的互动形式,如实时讨论区、在线测验、虚拟课堂等,可以增强用户的参与感和互动性。每一种互动形式都应在界面设计上追求简洁美观,色彩搭配和排版应符合美学原则,使用户在操作时感受到愉悦和舒适。

反馈机制是用户在学习过程中不可或缺的一部分。即时、具体且富有美学感的反馈能够有效地激励用户持续学习。例如,学生完成一项任务后,系统可以生成一段动画或音效作为反馈,这些反馈应在视觉上和听觉上都具备吸引力。此外,反馈内容应当具体、明确,可以通过图表、数据分析等形式直观展示学生的进步和不足之处。通过这些美学化的反馈机制,用户不仅能及时了解自己的学习状况,还能在视觉和听觉的享受中获得成就感,进而激发其持续学习的积极性。

将美学与技术相结合,在线教育平台可以打造出一个既功能完善又富有情感共鸣的学习环境。在这个环境中,用户不仅能获得知识,还能在每一次互动和反馈中感受到美学的愉悦,产生持续学习的动力。最终,这样的平台不仅能提升学习效果,还能在用户心中建立深刻的情感连接。

第二章 美学视野下的虚拟现实与增强现实技术教学

第一节 虚拟现实与增强现实技术概述

一、虚拟现实技术的基本原理

虚拟现实技术，简称 VR，是通过计算机生成一个逼真的虚拟环境，使用户通过特定设备（如头戴显示器、手柄等）与该虚拟环境进行互动的技术。这项技术的核心在于其三大要素：沉浸性、交互性和构想性。这些要素结合在一起，为用户提供了一种全新的感官体验和互动方式，突破了传统计算机交互的限制。虚拟现实技术不仅是娱乐和游戏的专属领域，而且在教育、医疗、军事、建筑等多个领域都展现出了巨大的应用潜力。

沉浸性是虚拟现实技术的第一大要素，通过视觉、听觉、触觉等多种感官体验，使用户产生身临其境的感觉。沉浸性需要高质量的图像、音效和触觉反馈来实现。在视觉方面，高分辨率的头戴显示器和精细的图像渲染技术是关键。通过光线追踪、纹理映射等技术，虚拟现实设备可以生成高度逼真的三维图像，使用户感觉自己真的置身于虚拟环境中。在听觉方面，3D 音效技术通过调整声音的方向和距离，实现逼真的音响效果，让用户感受到声音的空间感和立体感。触觉反馈则通过振动、力反馈等设备，使用户在与虚拟物体互动时，能够真实地感受到物体的质感和重量。这些技术共同作用，使用户能够全方位地沉浸在虚拟环境中，获得更真实的体验。

交互性是虚拟现实技术的第二大要素，指用户可以通过一定的输入设备（如手柄、传感器等）与虚拟环境进行实时互动。交互性不仅增强了用户的参与感和控制感，还使虚拟环境变得更加生动和动态。用户可以通过头部运动、手部动作等自然的方式与虚拟环境中的物体进行互动。例如，通过手柄用户可以抓取、移动、旋转虚拟物体，通过传感器捕捉用户的全身动作，使虚拟角色做出相应的动作。交互性要求系统具有较高的响应速度和精确度，实时计算技术在这里起到了至关重要的作用。通过快速的数据处理和反馈，虚拟现实设备可以在极短的时间内对用户的操作作出响应，以确保互动的流畅性和自然性。

构想性是虚拟现实技术的第三大要素，通过虚拟环境的创设，激发用户的创造力和想象力，提供超越现实的全新体验。虚拟现实技术打破了物理现实的限制，使用户能够在虚拟中实现许多在现实中无法实现的愿望。例如，在虚拟现实中，用户可以飞行、探索外太空、穿越历史等，这些体验不仅丰富了用户的感官世界，还激发了他们的创造力和想象力。构想性体现在虚拟现实技术的应用领域中。例如，在教育领域，通过虚拟现实技术，学生可以进入虚拟实验室进行各种科学实验，观察实验现象和结果，从而更直观地理解抽象概念和复杂知识。在医疗领域，虚拟现实技术可以用于手术模拟和医学培训，提高医生的技能和应急处理能力。

虚拟现实技术的基本原理还涉及几何建模、图像渲染、传感器技术和实时计算等多个方面。在几何建模阶段，利用三维建模工具生成虚拟环境中的各种物体，确保其在物理空间中的准确性和真实性。图像渲染是通过计算机图形学技术，将三维模型转换为二维图像，并通过光线追踪、纹理映射等技术，增强图像的真实性和视觉效果。传感器技术主要用于捕捉用户的动作和姿态，通过数据处理和分析，实现用户与虚拟环境的自然交互。实时计算是确保虚拟环境的实时更新和响应，提供流畅的用户体验。

虚拟现实技术作为一种高度集成的前沿科技，涵盖多个技术领域，通过沉浸性、交互性和构想性等要素，为用户提供了全新的体验方式。其广泛的应用前景和巨大潜力，使其成为现代教育技术与教学研究的重要方向。在美学视野下，虚拟现实技术不仅是技术的创新，更是艺术与科学的结合，蕴含丰富的美学价值。虚拟现实技术的不断发展和完善，无疑将使人类的生活和工作更加丰富多彩。

二、虚拟现实技术的特点

虚拟现实（VR）技术以其高度的沉浸性为核心特点，使用户能够在计算机生成的三维环境中获得身临其境的体验。这种技术通过使用头戴式显示器（HMD）、手柄和其他辅助设备，使用户可以与虚拟环境进行实时交互，感受到视觉、听觉、触觉等多感官刺激。具体来说，虚拟现实技术通过高度逼真的三维建模和实时渲染，创造出一个仿佛真实存在的虚拟世界。用户佩戴设备后，可以看到360°全景图像，听到立体声音，甚至可以通过触觉反馈设备感受到物体的质感和温度。这种高度沉浸的体验不仅改变了传统教学中的信息传递方式，还提升了学生的学习兴趣和参与度。近年来，沉浸式 VR 技术在教育领域的应用逐渐广泛，特别是在科学实验、历史重现、医学培训等方面，能够有效地弥补传统教学手段的不足。例如，在科学实验中，学生可以进入微观世界观察分子运动，或者模拟宇宙飞船进行太空探索，这些都是传统教具难以实现的。在历史重现方面，学生可以“亲临”古战场或古代城市，直观感受历史事件的发生和发展。在医学培训中，医学生可以在虚拟手术室中进行复杂手术的模拟练习，减少学习过程中的风险和成本。这些应用场景不仅提升了学习的直观性和具体性，还极大地激发了学生的兴趣和主动性。

虚拟现实技术的另一个显著特点是其强大的互动性。通过虚拟现实设备，用户可以在虚拟环境中进行多种形式的交互，如移动、抓取、操控虚拟对象等。这种互动性不仅仅是简单的观看和聆听，还能够通过肢体动作和视线追踪等方式实现深度参与。互动性的增强使学生在学习过程中能够更主动地参与到知识构建中，培养其探究精神和解决问题的能力。在虚拟实验室中，学生可以自主设计和进行实验，观察实验过程中的每一个细节，从而加深对知识的理解和掌握。虚拟现实技术还可以通过情景模拟，让学生在虚拟环境中扮演角色和解决问题。例如，在虚拟公司中，学生可以扮演不同的职务，体验公司运营的各个环节，从而学习管理和团队合作的技能。在虚拟法庭中，学生可以模拟法庭辩论，了解法律程序和辩护技巧，这些互动形式不仅丰富了教学内容，还增强了学生的实践能力和思维能力。

虚拟现实技术允许教师根据教学需求和学生个体差异，灵活定制教学内容和教学环境。这种可定制性不仅体现在教学内容的多样化和个性化上，还体现在教学过程的灵活性和适应性上。教师可以根据不同学科、不同教学目标和不同学生群体，设计出各种各样的虚拟场景和互动任务，满足学生的个性化学习需求。例如，在语言学习中，教师可以创建不同的虚拟场景，如餐厅、机场、会议室等，让学生在真实语境中进行口语练习，提升其语言表达能力和跨文化交流能力。通过虚拟现实技术，教师还可以对学生的学习过程进行实时监控和评估，及时调整教学策略，从而提高教学效果。虚拟现实技术的可定制性还体现在教学资源的共享和重用上。教师可以将设计好的虚拟场景和互动任务上传到云端，与其他教师和学生分享，形成丰富的教学资源库。这不仅提高了教学资源的利用率，还促进了教学经验的交流与共享。

虚拟现实技术的可扩展性使其在教育领域具有广阔的应用前景。随着硬件设备的不断更新和软件技术的不断进步，虚拟现实技术的功能和性能不断提升，应用场景也不断丰富和扩展。除了传统的课堂教学，VR 技术还可以应用于远程教育、职业培训、心理治疗等多个领域，打破时间和空间的限制，为教育的普及和均衡发展提供了新的可能性。在远程教育中，虚拟现实技术可以建立虚拟课堂，使身处不同地域的学生和教师可以在同一个虚拟空间中进行实时互动和交流，极大地增强了远程教育的互动性和参与感。在职业培训中，虚拟现实技术可以创建真实工作环境的模拟场景，让学员在虚拟环境中进行实际操作和技能训练，从而增强培训效果和安全性。在心理治疗中，虚拟现实技术可以通过情景模拟和行为练习，帮助患者克服心理障碍和情绪问题，提高治疗效果和患者的自我管理能力。虚拟现实技术的可扩展性还体现在与其他新兴技术的融合上，如人工智能、大数据、区块链等，这些技术的结合可以进一步提升虚拟现实技术的智能化、个性化和安全性，为教育领域带来更多创新和变革。

虚拟现实技术以其沉浸性、互动性、可定制性和可扩展性等独特优势，为教育领域带来了巨大的变革和发展空间。随着技术的不断进步和应用的不断深化，虚拟现实技术将为教育的创新和进步提供更加有力的支持和保障。期待未来，虚拟现实技术能够在更多教育场景中被广泛应用，为学生提供更加丰富多样和高效的学习体验，从而推动教育事业的全面进步和发展。

三、增强现实技术的基本原理

增强现实(AR)技术是一种通过计算机系统在现实环境中叠加虚拟信息，从而增强用户对现实环境感知的技术。它不仅改变了我们与现实世界互动的方式，还为各个领域带来了前所未有的创新和可能性。要深入理解增强现实技术的基本原理，需要从传感技术、计算机视觉技术和显示技术三个方面进行详细的探讨。

传感技术是增强现实技术的重要基础。通过利用各种传感器，如摄像头、加速度计、陀螺仪等，增强现实系统可以获取用户周围环境的实时数据。这些传感器能够捕捉包括图像、位置、方向等多维信息，为增强现实系统提供数据输入的基础。摄像头是最常见的传感器之一，它可以捕捉用户视野中的图像，并将其传输到计算机系统进行处理。加速度计和陀螺仪则用于检测用户设备的运动和方向变化，从而帮助系统了解用户的空间位置和移动方式。这些传感器的精准度和响应速度直接影响增强现实系统的性能和用户体验。通过实时感知用户所在的环境变化，增强现实系统能够动态调整虚拟信息的叠加方式，使虚拟内容能够与现实环境保持一致，从而提供更加多的沉浸感和互动体验。

计算机视觉技术在增强现实技术中起着至关重要的作用。这项技术通过对摄像头捕捉到的图像进行处理和分析，识别现实环境中的特征点、物体和场景结构。计算机视觉技术的核心在于图像处理和分析算法，这些算法能够从图像中提取出有用的信息，并进行特征点检测、图像配准和三维重建等操作。特征点检测是计算机视觉技术的重要环节，通过检测图像中的独特点，增强现实系统可以识别出环境中的关键元素，并在此基础上进行虚拟内容的放置和叠加。图像配准技术则用于将捕捉到的图像与预先存储的模板图像进行对比，从而确定虚拟内容的准确位置和角度。三维重建技术则可以从二维图像中重建出三维模型，使虚拟内容能够更加逼真地融入现实环境中。计算机视觉技术的进步，使增强现实系统能够在复杂的现实环境中实现稳定和精确的虚拟信息叠加，从而提升用户体验。

显示技术是增强现实技术的核心，也是用户直接感知虚拟信息的重要途径。显示技术的任务是将虚拟信息与现实环境无缝融合，并呈现给用户。头戴式显示器(如微软 HoloLens)、手机和平板电脑屏幕是当前主要的显示设备。头戴式显示器通过内置的显示屏和透明镜片，将虚拟信息叠加在用户视线中的现实环境上，使用户能够在自然视野中看到虚拟内容。手机和平板电脑则通过摄像头捕捉现实环境的图像，并在屏幕上叠加虚拟信息，为用户提供现实体验。高分辨率和高刷新率的显示设备，使虚拟内容更加清晰、流畅，用户可以获得更真实的视觉感受。此外，显示技术的进步还推动了交互方式的创新，如手势识别、语音控制等，使用户能够更加自然地与虚拟内容进行互动。

通过传感技术、计算机视觉技术和显示技术的紧密结合，增强现实技术实现了虚拟信息与现实环境的有机融合。这种技术不仅在教育领域具有广泛的应用前景，还在医疗、建筑、娱乐等多个行业展现出巨大的潜力。理解增强现实技术的基本原理，有助于我们更好地应用和发展这一技术，为教学和学习带来更多的创新和可能性。未来，随着技术的不断进步，增强现实技术将进一步变革我们的生活方式和工作方式，为我们带来更加丰富多样的体验。

四、增强现实技术的应用领域

AR 技术可以应用于课堂教学、课外活动和实验室实践等多个方面。在课堂教学中，教师可以利用 AR 技术将抽象的概念形象化，使学生更容易理解复杂的知识。例如，在生物课堂上，AR 技术可以展示三维立体的人体器官模型，让学生直观地感受到各器官的结构和功能。通过这种方式，学生不仅可以从视觉上了解复杂的生物结构，还可以通过互动操作，加深对各个系统和器官的理解。此外，物理课堂和化学课堂也可以利用 AR 技术，展示通过传统教学手段难以表现的现象和实验过程。例如，教师可以通过 AR 技术演示分子结构的变化、化学反应的过程，甚至是天体运行轨迹等。这些图像和动画不仅生动逼真，还能让学生在课堂上进行互动操作，在操作中理解和掌握知识。

在专业教育领域，增强现实技术同样展现了其独特的优势。医学、工程、建筑等专业教育，往往需要学生掌握大量的专业知识和实践技能。借助 AR 技术，学生可以在虚拟环境中进行模拟操作和实践训练。例如，医学专业的学生可以通过 AR 技术进行虚拟手术操作，建筑专业的学生可以利用 AR 技术进行建筑设计和施工模拟。这种虚拟实践不仅降低了实践成本，还提高了学生的学习效率和操作技能。在医学教育中，传统的解剖课、手术操作等实践环节，往往受到设备、标本和时间的限制，而 AR 技术的引入，能够让学生在虚拟环境中反复地操作练习，从而大大提高了他们的实际操作能力和应变能力。工程和建筑领域的学生也可以通过 AR 技术进行项目设计、施工模拟和故障排除等环节的训练，大大提高了他们的实战能力和职业素养。

增强现实技术在远程教育中的应用也逐渐受到关注。随着互联网技术的发展，远程教育已成为一种重要的教育形式。然而，传统的远程教育往往缺乏互动体验和沉浸感，学生的学习体验较为单一。AR 技术的引入，可以大大提升远程教育的互动性和沉浸感。例如，教师可以通过 AR 技术进行远程授课，学生可以在家中通过 AR 设备观看三维模型和虚拟实验，从而获得更丰富和生动的学习体验。通过 AR 技术，教师可以在远程课堂上展示复杂的实验过程、演示三维模型，甚至带领学生进行虚拟实地考察。这不仅丰富了远程教育的内容和形式，还大大提高了学生的学习兴趣和参与度。此外，AR 技术还可以用于远程协作和讨论，学生可以通过虚拟会议室进行互动交流，共同探讨和解决问题，从而提高学习效果和团队合作能力。

增强现实技术在特殊教育中的应用也展现出巨大的潜力。对于有特殊需求的学生，如自闭症儿童、听障或视障学生，AR 技术可以为其提供个性化的教育解决方案。自闭症儿童可以通过 AR 技术进行社交技能训练，听障学生可以通过 AR 字幕和手语翻译进行课堂学习，视障学生可以通过触觉反馈设备感知虚拟世界的内容。AR 技术的应用，可以有效促进这些有特殊需求的学生的学习和发展，提高他们的学习效果和生活质量。例如，自闭症儿童可以通过 AR 技术模拟日常社交场景，进行角色扮演和互动练习，从而提高他们的社交能力和情感认知。听障学生可以通过 AR 技术在课堂上实时获取字幕翻译和手语解释，从而更好地理解和掌握知识。视障学生可以通过 AR 技术结合触觉反馈设备，感知和理解虚拟世界的内容，从而获得更多的学习机会和资源。通过这些个性化和定制化的教育解决方案，AR 技术不仅提高了特殊教育的质量和效果，还大大提高了这些有特殊需求的学生的生活和社会参与度。

增强现实技术在教育领域的应用前景广阔，不仅可以提高教学效果和学习体验，还可以为学生提供更多的学习资源和机会。通过 AR 技术，教育将变得更加生动、有趣和富有互动性，从而更好地满足学生的学习需求，促进他们的全面发展。无论是普通教育、专业教育、远程教育，还是特殊教育，AR 技术的引入都将带来深远的影响和变革，为未来的教育发展开辟新的道路。

第二节　美学视野下的虚拟现实与增强现实技术教学设计

一、虚拟现实与增强现实技术的美学原则

在现代教育技术的应用中，虚拟现实（VR）与增强现实（AR）技术不仅提供了革命性的教学工具，还在教学设计中引入了美学原则。美学原则在 VR 与 AR 技术的应用中至关重要，能够增强学习体验，提高学生的参与度和学习效果。本节将深入讨论 VR 与 AR 技术的美学原则，涵盖视觉设计、交互设计、内容设计和音效设计等多重维度。

（一）视觉设计的美感和吸引力

在 VR 与 AR 技术的应用中，视觉设计不是简单的画面呈现，而是通过精美的图形界面、逼真的三维模型和丰富的色彩搭配，创造出一个能够吸引学生注意力并激发学习兴趣的沉浸式环境。三维模型的精度和细节处理直接影响学生的视觉体验。例如，在生物学课程中，使用高精度的三维模型展示细胞结构或人体器官，可以使学生更加直观地理解复杂的生物学概念。色彩搭配的合理运用也同样重要，通过色彩的对比和协调，可以突出重点内容，帮助学生在视觉上快速抓住关键知识点。此外，视觉设计还需要考虑不同学生的视觉偏好和感知能力，采用多样化的设计风格，以满足各类学生的需求。通过精心设计的视觉元素，VR 与 AR 技术能够营造出具有吸引力和美感的学习环境，从而提升学习体验。

（二）交互设计的流畅性和用户体验的优化

优秀的交互设计能够实现自然、直观的操作，使学生在虚拟环境中感受到真

实的物理互动，从而降低学习的认知负荷。手势识别和语音控制等先进技术的应用，使学生可以通过简单的手势或语音指令进行操作，从而减少对复杂操作界面的依赖。例如，在化学实验课程中，学生可以通过简单的手势操作，模拟实验室中的各种实验操作，观察化学反应的全过程。交互设计的美学还包括反馈机制的设计，通过及时、准确的反馈，帮助学生更好地理解和掌握学习内容。反馈机制的设计不仅要考虑反馈信息的准确性和及时性，还要考虑反馈的形式和内容，使其具有激励性和指导性。例如，在数学学习中，当学生解决一道难题时，系统可以通过动画和音效给予鼓励，从而增强学生的成就感和学习动力。通过优化交互设计，VR 与 AR 技术能够提供流畅、自然的用户体验，进而提升学习效果。

（三）内容设计中的情感共鸣与文化表达

在教学设计中，融入文化元素和情感因素，可以增强学生的学习动机和记忆效果。通过 VR 技术重现重要历史事件和场景，使学生身临其境地感受历史的厚重与真实。例如，在历史课程中，利用 VR 技术重现古代战争场景或重大历史事件，使学生能够更深刻地理解历史背景和事件的意义。在语言学习中，利用 AR 技术将虚拟人物与现实环境结合，创造生动的对话情境，提高语言学习的实用性和趣味性。例如，学生可以通过 AR 技术与虚拟人物进行对话练习，锻炼口语表达能力，并感受到不同文化背景下的语言使用情境。通过情感共鸣与文化表达的设计，VR 与 AR 技术能够增强学生的学习动机，使学习内容更加生动且富有吸引力。

（四）音效设计的沉浸感和真实性

音效在虚拟环境中不仅能起到辅助教学的作用，还能增强沉浸体验。通过逼真的音效还原实验过程中的各种声音，可以让学生获得更加真实的实验体验。例如，在科学实验的模拟中，通过逼真的音效还原实验过程中的各种声音，如化学反应的爆炸声、电流的闪烁声等，可以使学生感受到身临其境的真实感。在艺术教育中，通过丰富的音效设计，学生可以更加深刻地理解艺术作品的内涵和情感表达。例如，在音乐课程中，利用 VR 技术模拟音乐会现场，通过逼真的音效和视觉效果，使学生感受到音乐的震撼力和感染力。通过精心设计的音效，VR 与 AR 技术能够提升学习体验的沉浸感和真实性，使学生在虚拟环境中获得更加真实和丰富的感官体验。

二、美学视野下的虚拟现实与增强现实技术教学场景设计

(一)场景布局与美感

在虚拟现实与增强现实技术教学中,场景布局不仅是对虚拟空间的合理利用,更是对学生视觉、听觉等多感官刺激的综合考虑。合理的场景布局应遵循美学原则,使学生能够在一个视觉上和谐、心理上舒适的环境中进行学习。色彩的搭配、元素的排列、光影的运用等,都是场景布局中的重要因素,它们可以共同营造出一种美感,使学生在沉浸式的学习中产生愉悦的情感体验,从而提高学习效果。

场景布局应注重沉浸感和互动性。虚拟现实与增强现实技术提供了前所未有的沉浸式体验,这种体验依赖于场景布局的精细设计。美学视野下的场景布局不仅要注重视觉美感,还要考虑到空间感的真实再现。通过合理的空间分布和元素设计,使学生能感受到身临其境的真实感。这种真实感不仅能增强学习的趣味性,还能提高学生的注意力,促进深度学习。

场景布局中的美感还应强调文化元素的融入。不同文化背景下的学生对美的感知有所不同,因此在设计虚拟现实与增强现实技术教学场景时,应充分考虑文化多样性。通过融入不同文化的美学元素,能增强学生的文化认同感和民族自豪感,也能促进跨文化交流和理解。文化元素的美感设计不仅丰富了教学内容,还在潜移默化中提升了学生的美学素养和文化素养。

细节的处理在场景布局的美感设计中也非常重要。细节决定成败,在虚拟现实与增强现实技术教学中,细节的美感设计同样重要。无论是场景中的小物件,还是光影变化、声音效果等,都需要精心设计。细节的美感不仅能提升整体场景的品质,还能让学生在不经意间感受到设计者的用心,进而产生情感共鸣。通过细节的美感设计,使虚拟现实与增强现实技术教学场景既具备宏观的视觉冲击力,又充满微观的细腻感受,从而实现美学与教学效果的完美结合。

虚拟现实与增强现实技术教学中的场景布局与美感设计是技术与艺术的融合,更是教育理念与人文关怀的体现。通过精心设计的场景布局,能够为学生提供一个视觉、听觉等多感官和谐的学习环境,从而提升学习体验和效果。在这种环境中,学生不仅能更好地掌握知识,还能在潜移默化中提升美学素养和文化素养,为未来的发展奠定了坚实的基础。

(二)场景细节的美学优化

在虚拟现实与增强现实技术的教学设计中,通过对视觉、听觉、触觉等多感官的协调与优化,可以使学生在虚拟环境中获得更加沉浸和真实的体验,从而激发学习兴趣和学习动力。

1.视觉美学优化

采用高质量的图形渲染技术,确保场景中的每一个细节都清晰、逼真。色彩的选择和搭配应科学合理,既要符合美学原则,又要避免视觉疲劳。光影效果的运用同样重要,通过光线的变化和阴影的处理,可以增强场景的立体感和真实感。此外,场景中的物体和环境应具有一致的风格,以避免视觉上的突兀和不协调。这种精细的视觉处理不仅提升了美感,而且增加了学生的沉浸感。

2.听觉美学优化

在虚拟现实技与增强现实技术教学场景中,背景音乐、环境音效和交互音效的设计应与场景内容相匹配,以增强沉浸感。背景音乐的选择应根据教学内容和情境进行调整,既要有助于营造学习氛围,又不能喧宾夺主。环境音效应真实自然,如风声、水声等,这可以增强场景的逼真效果。交互音效则应清晰、准确,提供及时的反馈,帮助学生更好地理解和掌握知识,这种多层次的听觉设计能有效提升学习的专注度和趣味性。

3.触觉反馈的美学优化

通过触觉设备,学生可以在虚拟环境中感受到物体的质感、温度和力量等,从而获得更全面的感官体验。触觉反馈的设计应注重细节,如物体表面的纹理、温度的变化等,使学生能够通过触觉感知到虚拟环境的真实感。这种触觉体验不仅丰富了学生的感官信息,还进一步提高了他们学习的互动性和参与感。

4.用户界面的设计

用户界面的布局应简洁明了、操作便捷,避免复杂的操作步骤和烦琐的界面元素。界面的色彩和字体选择应符合美学原则,确保信息的传递清晰准确。同时,交互设计应注重用户体验,使学生能够轻松自如地在虚拟环境中进行学习和操作。一个良好的用户界面设计能够有效减轻学生的认知负担,提高学习效率。

三、美学视野下的虚拟现实与增强现实技术教学内容设计

（一）内容呈现的美学标准

在美学视野下，虚拟现实（VR）与增强现实（AR）技术的教学内容设计不仅需要关注知识的传递，更需要注重内容呈现的美学标准。精心设计的教学内容不仅可以提升学生的学习兴趣和参与度，还可以增强他们对知识的理解和记忆。以下从视觉美学、交互美学和情感美学三个方面探讨如何在 VR 和 AR 技术的教学内容设计中实现美学标准。

视觉美学是 VR 和 AR 教学内容设计中的关键因素之一。教学内容的图形、色彩和布局应符合美学原则，如和谐、对称和均衡。这不仅能提升学生的视觉体验，还能增强他们对内容的理解和记忆。例如，在 VR 环境中，过于复杂的色彩和图形容易导致视觉疲劳，因此应避免使用。同时，合理运用光影效果可以增加内容的层次感，使教学内容更加生动和富有吸引力。视觉美学的良好运用能够使学生在学习过程中感到舒适，从而可以更专注于知识的吸收。

交互美学是不可忽视的部分。VR 和 AR 技术的高度交互性是其最大优势之一。在设计教学内容时，交互设计的美感应使学生在操作和体验过程中感受到流畅和愉悦。交互界面应简洁直观，避免冗长的操作步骤，确保学生能够迅速上手。交互动作，如点击、拖拽和缩放等，应符合人体工程学原理，确保学生在使用时的舒适性和便利性。良好的交互美学设计不仅能提升学生的学习体验，还能激发他们的学习兴趣和动机。

情感美学在内容呈现中同样重要。教学内容应通过情感化的设计，增强学生的情感共鸣和参与感。例如，通过故事化的内容呈现，使学生能够在情境中学习，体验到知识的实际应用价值。在 VR 和 AR 环境中，声音、动画和其他多媒体元素的合理运用，可以有效增强情感传递，使学生在沉浸式的学习体验中获得更深层次的理解和共鸣。情感美学的良好应用能使学生对学习内容产生情感共鸣，从而提高学习效果。

（二）内容互动的美学设计

虚拟现实和增强现实技术通过创造沉浸式和互动性的学习环境，使抽象的知识变得具体可感。美学设计在这一过程中不仅是视觉和感官的愉悦体验，更是提

升学习效果的重要手段。通过精心设计的视觉元素、互动机制和用户体验，能有效地激发学生的学习兴趣和动机，增强他们的参与感和专注度。

视觉元素在内容互动中的美学设计中扮演着关键角色。视觉设计不仅需要美观，更需要符合教育目标和认知规律。在 VR 和 AR 的应用中，色彩的选择、图像的排布、字体的使用等都需经过严格审视和测试，以确保视觉信息的清晰传递和用户的舒适体验。合理运用色彩对比可以增强内容的可读性，而逻辑性的图像排布能够帮助学生更好地理解和记忆知识点。动态视觉效果，如动画和过渡效果，不仅增加了内容的生动性和吸引力，还提升了学生的沉浸感。

互动机制的设计是内容互动的核心。美学视野下的互动设计不仅需要考虑操作的便捷性和流畅性，还需要通过有趣的互动方式激发学生的探索欲望。在 VR 教学中，设计基于情景的任务和挑战，让学生通过操作和探索来解决问题，从而在实践中掌握知识。在 AR 教学中，增强现实技术可以将虚拟信息叠加在真实世界上，学生通过与虚拟对象的互动来进行学习和操作。这种基于任务和情景的互动设计，不仅提高了学生的动手能力和解决问题的能力，还增强了他们对学习内容的理解和记忆。

用户体验是内容互动美学设计的最终体现。良好的用户体验需要从学生的角度出发，关注他们的需求和反馈。在设计过程中，需考虑学生的学习习惯和心理特点，以确保操作的简便性和系统的稳定性。通过不断测试和优化，提升互动内容的流畅度和响应速度，减少学习过程中的技术障碍。此外，还可以设计多样化的互动内容和学习路径，以满足不同学生的个性化需求，增强他们的学习自主性和成就感。

四、美学视野下的虚拟现实与增强现实技术教学互动设计

（一）互动体验的美学考量

1. 用户的沉浸感和参与感

沉浸感不仅依赖于视觉和听觉的真实感，还包括触觉和运动反馈的逼真性。这些都需要通过精细的技术设计和美学考量来实现。例如，在虚拟实验室中，化学实验场景不仅需要高度逼真的视觉效果，还需要通过物理引擎模拟实际操作中化学反应的动态变化。这种真实的操作体验让学生在虚拟环境中感受到如同真

实世界中的实验效果，从而大大提升了学习的真实感和参与度。

2.用户界面的友好性和美观度

在VR和AR教学中，界面的设计不仅要满足教育功能的需求，还要具备美学上的吸引力。界面元素的布局、色彩的搭配、动画效果的流畅度等，都直接影响用户的使用体验和学习效果。例如，在AR应用的导航界面中，简洁明了的图标和文字说明，再加上适当的动画效果，这可以有效引导学生进行操作，以避免复杂和冗长的操作流程，从而提升学习的流畅性和愉悦感。

3.用户的个性化需求和文化背景

在全球化的教育环境中，学生的文化背景不同，他们的美学偏好和审美习惯可能存在差异。因此，在设计VR和AR教学互动体验时，应充分考虑这些文化差异，通过多样化的美学元素满足不同学生的需求。例如，在历史教学中，可以通过不同风格的虚拟场景再现某一历史事件，并允许学生根据自己的兴趣选择不同的视角和路径进行探索，从而提升学习的个性化和多样性。

4.用户的情感体验

教育不仅是知识的传授，更是情感的交流和体验的积累。在VR和AR教学中，通过精心设计的互动体验，可以引起学生的情感共鸣，增强学习的动力和兴趣。例如，通过虚拟现实技术再现文学作品中的经典场景，使学生在虚拟世界中感受作品的情感氛围，体验人物的内心世界，从而加深对作品的理解和感悟。

(二)互动元素的美学应用

虚拟现实与增强现实技术为教育领域带来了丰富的互动元素，这些元素不仅提升了学生的学习体验，还在美学视野下赋予了教学设计新的深层内涵。互动元素的美学应用不仅是为了提供视觉上的愉悦，更是通过美学策略提升学习效果的关键所在。

互动元素的美学设计应注重色彩的协调与对比。色彩不仅能吸引学生的注意力，还能引导他们的学习路径。例如，在虚拟实验室中，不同化学物质可以用不同的颜色表示，以帮助学生快速识别并记忆。这样的色彩设计不仅提高了学习的效率，还能让学生在视觉上获得愉悦的体验，从而增强学习的积极性和主动性。

形态与结构的美学设计是互动元素中不可忽视的部分。在VR和AR环境中，三维模型的形态设计直接影响学生的认知与理解。优美而简洁的形态设计不仅提高了学习的直观性，还增强了学生的审美体验。例如，在历史课中，通过精心设计的三维古建筑模型，学生不仅能了解建筑的结构，还能感受到历史的厚重与文化的美感。这种直观且美观的设计能使学习内容变得更加生动和有趣。

交互方式的美学设计在互动元素中同样至关重要。交互方式的设计应遵循直观性和易用性的原则，使学生能够轻松参与并获得愉悦体验。同时，通过美学设计提升交互的趣味性和创新性，可以大大提高学生的学习动机。例如，利用触觉反馈技术，学生在虚拟操作中可以感受到真实的触觉反馈，这种美学化的交互方式不仅增强了学生的沉浸感，还提高了学习的实际效果。这样的设计可以使学生更加投入地参与学习活动，从而提高学习的质量和效果。

声音元素的美学应用也是互动设计的重要方面。声音不仅能提供信息，还能增强学习的情感体验。在 VR 和 AR 教学中，背景音乐、音效和语音提示都应经过精心设计，以符合教学内容和美学原则。例如，在虚拟博物馆的导览中，适当的背景音乐和精心设计的音效能让学生在学习历史知识的同时，获得身临其境的感受，大大提升学习的愉悦度和有效性。音效的适当运用可以使学生的学习过程更加生动、富有情感，从而增强学生的学习兴趣和记忆效果。

通过这些美学策略的应用，互动元素不仅能提升学生的学习体验，还能在潜移默化中提高他们的审美能力和文化素养。这种集美学与教育于一体的设计理念，将为未来的教育模式带来更多的可能性和创新空间。

第三节　美学视野下的虚拟现实与增强现实技术教学应用

一、虚拟现实技术在课堂教学中的美学应用

（一）课堂场景的虚拟构建

虚拟现实技术在课堂教学中的应用，为教学场景的构建带来了前所未有的变革。在美学视野下，虚拟现实技术能够通过高度仿真和互动性，创造出沉浸式的学习环境，使学生仿佛置身于另一个世界，从而激发他们的学习兴趣与动机。虚拟现实技术所构建的课堂场景不仅具备视觉上的冲击力，还能够通过声音、触觉等多感官的综合体验，增强学生的感知与认知效果。

虚拟现实技术在课堂场景中的美学应用，能够打破传统教学环境的局限，提供更加丰富和多样化的学习体验。例如，在历史课堂上，教师可以利用虚拟现实技术重现历史事件的场景，让学生身临其境，感受历史的氛围和细节。这种身临其境的体验，不仅能帮助学生更好地理解和记忆知识，还能培养他们的历史思维能力和审美感知。通过虚拟现实技术，历史学习不再局限于课本和图片，而是转化为一种具有真实感和现场感的动态体验，提升了学生的学习效果和兴趣。

在科学实验教学中，虚拟现实技术可以模拟各种复杂的实验过程，展示细微的实验现象，帮助学生更直观地理解实验原理和过程。虚拟实验室能够让学生在安全无风险的环境中进行实验操作，避免了因实验条件或安全因素限制而无法进行的实验项目。这不仅提高了教学的灵活性和安全性，而且让学生在反复操作中掌握实验技能，深刻理解科学原理，培养他们的科学探究能力和创新思维。

在艺术教育中，虚拟现实技术能够将学生带入世界著名的艺术馆和博物馆，近距离欣赏经典艺术作品，培养他们的艺术鉴赏能力和审美素养。虚拟现实技术突破了地理和时间的限制，使学生能够随时随地参观世界各地的艺术杰作，接受高水平的艺术教育。通过虚拟现实技术，学生不仅能详细了解艺术作品的背景和创作过程，还能与虚拟的艺术家进行互动交流，增强他们对艺术的理解和热爱。

在课堂场景的美学构建中，虚拟现实技术的应用还需要注重与教学内容的有机结合，避免单纯的技术炫技。教师在设计虚拟现实教学场景时，应充分考虑教学目标、教学内容和学生的实际需求，确保技术的应用能够真正提升教学效果。通过合理设计和应用虚拟现实技术，课堂场景的美学构建不仅能提升学生的学习体验，还能促进他们全面发展和素质提升。

虚拟现实技术在课堂教学中的应用，不仅创造了更为生动和互动的学习环境，还在美学层面深刻影响了学生的感知和认知。通过虚拟现实技术的合理应用，教师能为学生提供更为丰富和多样的学习体验，激发他们的学习兴趣和潜力，从而推动教育质量的全面提升。

(二)虚拟现实设备的美学优化

虚拟现实设备在课堂教学中的应用不仅需要技术上的改进，还需要美学层面的优化，从而提升学生的学习体验和教学效果。教室中的设备美学不仅是装饰性的问题，还直接影响学生的参与度和学习效果。为了实现这一目标，需要在多个方面进行美学优化。

虚拟现实设备的外观设计应注重美学原则，采用简约而富有现代感的设计风格。这样不仅能提高学生的接受度和使用兴趣,还能与现代教育环境相契合。设备的颜色、材质和形状等元素应与教学环境相协调,避免过于复杂或不符合审美标准的设计,这样可以减少设备对学生注意力的干扰。简洁、现代的设计风格能够使设备在视觉上更加舒适,同时也有助于营造一个整洁、有序的学习环境。

用户界面设计是虚拟现实设备美学优化的重要方面,一个直观且易操作的用户界面能够显著提升学生的使用体验。界面设计应符合人机工程学的原理,使学生能够轻松上手并迅速融入虚拟学习环境中。图标、按钮和导航条等元素应采用统一的视觉风格,避免颜色过多、布局凌乱等问题,以确保信息传达的清晰性和操作的流畅性。这样的设计不仅能提高学生的操作效率,还能减少学生在学习过程中的挫折感。

内容呈现上的美学优化对提升教学效果至关重要。虚拟现实内容应注重视觉美感的实现,通过高质量的图像、流畅的动画和逼真的场景设计,创造沉浸式的学习体验。内容的布局和色彩搭配应遵循美学原则,避免视觉疲劳和信息过载的问题。这样不仅能帮助学生更好地理解和记忆学习内容,还能使他们的学习过程更加愉快和富有成效。高质量的视觉呈现能增强学生的沉浸感,从而提升学习效果。

音效和反馈系统的设计也是虚拟现实设备美学优化的重要组成部分。音效应与视觉内容相辅相成,营造出一致的美学氛围。通过恰当的音效反馈,可以增强学生的互动体验。反馈系统设计应考虑学生的情感需求,采用柔和的提示音和视觉效果,避免过于刺激的反馈方式。这样的设计可以减少学生的心理压力,使他们在学习过程中更加放松和专注。

虚拟现实设备的美学优化不仅涉及外观设计、用户界面、内容呈现和反馈系统等多个方面,还需综合考虑学生的心理和生理需求。通过全面的美学优化,虚拟现实设备能够在提升学生学习体验和教学效果的同时,营造出舒适、愉悦的学习氛围。这不仅有助于学生的学术进步,还有助于提升他们对学习的兴趣和热情。

二、虚拟现实技术在远程教育中的美学应用

(一)远程课堂的虚拟体验

虚拟现实技术通过构建沉浸式的学习环境,能够有效地提升学生的学习体

验和参与感。具体而言，虚拟现实技术可以模拟真实的课堂场景，使学生仿佛置身于实际的教学环境中，从而增强学习的情感投入和专注度。这种虚拟体验不仅满足了视觉上的美学需求，还通过多感官的参与，使学习过程更加生动和有趣。

在远程课堂中，虚拟现实技术能够实现师生之间的互动，这种互动不仅限于传统的文字和视频交流，还包括三维虚拟环境中的实时交流。虚拟互动方式提高了沟通的真实性和有效性，使师生之间的交流更加自然和顺畅。通过虚拟现实技术，学生可以在虚拟环境中进行探究式学习，如虚拟实验室、虚拟博物馆等，这些丰富的教学资源极大地拓宽了学生的学习视野，提升了学习的深度和广度。

虚拟现实技术的美学价值不仅体现在教学内容的呈现方式上，还体现在教学氛围的营造上。教师可以设计出具有美学价值的教学场景，如历史课中的古代城市、地理课中的自然景观等，这些场景不仅增加了课堂的趣味性，还能激发学生的学习兴趣和创造力。在虚拟现实环境中，学生可以自由地探索和互动，从而在潜移默化中提升对美的感知和理解。通过这种方式，虚拟现实技术在远程教育中实现了美学与教育的深度融合，为现代教育技术的发展开辟了新的路径。

虚拟现实技术在远程教育中的应用，不仅提升了教学效果，还为教育注入了美学的元素。通过虚拟体验，学生能够在一个充满美感的学习环境中获得丰富的知识和深刻的情感体验。这种美学视野下的教学模式为现代教育技术的发展提供了新的思路和方法，使教育更加生动、有趣和富有美感。虚拟现实技术为远程教育注入了新的活力和创造力，推动了教育的数字化和人性化进程。

(二)虚拟现实技术在远程教学中的优势

虚拟现实技术不仅能提升学生的学习体验和参与度，还能提供丰富多样的教学资源，突破时空限制，促进互动和交流，为现代教育技术的发展带来新的机遇和挑战。

虚拟现实技术的强大沉浸感和交互性能够有效提升学生的学习体验和参与度。在传统的远程教育中，学生往往面临缺乏互动和实际操作体验的困境，而虚拟现实技术通过创建逼真的虚拟环境，使学生能够身临其境地参与到学习活动中。这种沉浸式的学习体验不仅能激发学生的学习兴趣，还能增强他们对学习内容的理解和记忆。通过虚拟现实，学生能够在虚拟教室中进行实验操作、参观博物馆或进行实地考察，极大地提升了教学的生动性和实践性。

虚拟现实技术能够提供灵活多样的教学资源，极大地丰富了远程教学的内容和形式。教师可以创建和利用各种虚拟实验室、虚拟博物馆和虚拟实地考察等资源,使学生能够在虚拟环境中进行实验操作、参观学习和实地考察。这种多样化的教学资源不仅能满足不同学生的学习需求,还能为学生提供更多的实践机会,培养他们的实际操作能力和创新思维。例如,学生可以在虚拟实验室中进行化学实验,既避免了实际操作中的危险性,也节约了实验材料成本。

虚拟现实技术还可以突破时空限制,为远程教学提供更大的灵活性和便利性。学生可以随时随地通过网络接入虚拟现实学习平台,进行个性化的学习安排。这种灵活的学习方式不仅能提高学习效率,还能为那些因地理位置、时间限制等原因无法参加传统课堂教学的学生提供更多的学习机会和便利。无论是在家中、图书馆,还是其他任何地方,学生都可以通过虚拟现实设备参与到学习中,真正实现了学习的随时随地化。

虚拟现实技术在远程教学中的应用还有助于促进教师与学生之间的互动和交流。通过虚拟现实技术,教师可以在虚拟教室中与学生进行实时互动,进行个性化的辅导和指导。学生也可以通过虚拟现实平台与同学进行合作学习和交流讨论。这种互动和交流不仅能增强学习效果,还能促进师生之间和学生之间的合作精神。虚拟现实技术能够模拟真实的课堂环境,使师生之间的沟通更加便捷和高效,从而提升了教学的效果和质量。

三、增强现实技术在实验教学中的美学应用

(一)实验过程的增强现实呈现

增强现实技术通过将数字信息叠加在现实世界中,使抽象的实验过程变得可视化,从而帮助学生更好地理解复杂的实验原理。例如,在化学实验中,通过增强现实技术,学生可以实时看到分子结构的变化以及化学反应的过程,这不仅提升了实验的直观性,还增加了实验的趣味性和美学价值。

增强现实技术的应用还可以优化实验教学的互动性。传统的实验教学大多是教师单方面的讲解和示范,学生的参与度较低,而通过增强现实技术,学生可以与虚拟元素进行互动,并亲自体验实验过程。例如,学生可以通过AR设备操作虚拟实验器材,观察实验现象和数据变化,这种互动方式能够激发学生的学习兴趣和探索欲望,使他们在实验过程中获得更深层次的理解和体验。

从美学角度来看,增强现实技术在实验教学中的应用不仅提升了教学的视觉

效果,还丰富了教学内容的表现形式。传统实验教学中的文字、图片和视频等形式,往往无法全面呈现实验的动态过程。增强现实技术可以通过三维动画、实时模拟等方式,将实验现象生动地展示出来,使实验教学更具美感和吸引力。这种视觉和感官上的享受,有助于培养学生的审美能力和科学素养。

增强现实技术还能提供个性化的实验教学体验。不同的学生在理解和掌握实验内容上存在差异,通过增强现实技术,可以根据学生的学习进度和需求,提供定制化的学习内容和辅助信息。例如,学生在操作实验过程中遇到困难时,增强现实系统可以及时提供相关的指导和提示,帮助学生顺利完成实验。这种个性化的教学方式,不仅提高了实验教学的效率,还增强了学生的学习主动性和自主性。

增强现实技术在实验教学中的应用,不仅提升了实验的可视化和互动性,还丰富了教学内容的表现形式和美学价值。同时,这种技术能够提供个性化的教学体验,提高学生的学习主动性和实验教学的效率。随着科技的不断进步,增强现实技术在教育领域的应用前景将更加广泛和深入。

(二)增强现实技术在实验教学中的应用实践

增强现实技术(AR)在实验教学中的应用,能够为学生带来全新的学习体验,并提升实验教学的美学价值。通过虚拟与现实的结合,增强现实技术可以将抽象的科学概念和实验过程以直观、形象的方式呈现给学生。

在化学实验教学中,利用 AR 技术,学生可以在现实环境中看到分子结构的三维模型,并通过互动操作了解化学反应的过程。这种视觉上的增强不仅能激发学生的学习兴趣,还能帮助他们更好地理解和掌握复杂的科学知识。例如,学生可以通过智能设备扫描化学实验场景,看到分子和化合物的动态模型,并与之互动,观察不同条件下化学反应的变化过程。这种教学方法不仅提高了学生的理解能力,还使得学习过程更加生动有趣。

在生物学实验教学中,AR 技术同样展现出独特的美学优势。传统的生物学实验往往需要使用显微镜观察细胞结构,而通过 AR 技术,学生可以直接在平板电脑或智能手机屏幕上看到放大的细胞图像,并进行互动操作,了解细胞的组成和功能。例如,学生可以通过 AR 应用程序,放大和旋转细胞模型,观察细胞器的分布和功能。这种直观的展示方式,不仅提升了实验教学的美学体验,还能使学生更加专注和积极地参与到实验过程中,从而提高学习效果。

在物理学实验教学中,增强现实技术的应用同样展现了其独特的美学价值。例如,在学习电磁学知识时,学生可以通过 AR 技术看到电场和磁场的可视化展示,并通过互动操作了解电流和磁力的关系。通过 AR 设备,学生可以在虚拟环境中操作电磁实验,观察到电场线和磁场线的分布,以及它们在不同条件下的变化。这种动态的、可视化的展示方式,不仅能帮助学生更好地理解抽象的物理概念,还能提升实验教学的美学体验,使学生在学习过程中感受到科学的魅力。

增强现实技术在实验教学中的应用,不仅能提升教学效果,还能通过直观、生动的展示方式,提升实验教学的美学价值。通过将虚拟与现实相结合,增强现实技术为学生提供了全新的学习体验,使他们在参与实验的过程中,既能增长知识,又能享受美学的愉悦,从而激发他们的学习兴趣和探索精神。增强现实技术的普及与发展,将会为未来的教育带来更多的可能性和创新空间。

四、增强现实技术在艺术教育中的美学应用

(一)艺术作品的增强现实展示

在现代艺术教育中,增强现实(AR)技术的引入为艺术作品的展示和体验带来了前所未有的创新。通过 AR 设备,如 AR 眼镜或智能手机,观众可以在实际环境中看到叠加在真实世界之上的虚拟艺术作品。这种展示方式突破了传统二维展示的限制,使艺术作品的细节和立体感得以更加生动地呈现。例如,一幅画作可以在 AR 技术的辅助下展现其不同层次的细节和质感,观众可以从多角度观察作品,感受艺术家在创作过程中所蕴含的情感和技巧。

增强现实技术为艺术教育中的互动性和沉浸感提供了极大的提升空间。学生不仅可以观赏艺术作品,还可以通过 AR 技术进行交互。通过 AR 设备,学生能够看到一幅画作的创作过程,包括画家如何构图、上色和调整细节。这种互动体验使学生能够更深入地理解艺术创作的过程和技法,从而提升他们的学习兴趣和理解深度。例如,学生可以通过 AR 体验到梵高创作《星夜》时的每一个笔触和色彩选择,感受艺术家在创作中的思维和情感。

增强现实技术还可以为艺术教育提供跨学科的学习体验。在欣赏艺术作品的同时,学生可以通过 AR 技术获取相关的历史、文化和科学知识。例如,一个古代雕塑展览可以通过 AR 技术展示其历史背景、文化意义以及制作工艺等信息,使学生在欣赏艺术的同时获得全面的知识体系。比如,当学生观赏一件古希腊雕塑时,他们可以通过 AR 了解其背后的神话故事、当时的社会背景以及雕塑的制

作工艺，这种跨学科的学习方式，有助于培养学生的综合素养，提升他们的批判性思维和创造力。

从美学视角来看，增强现实技术的应用不仅丰富了艺术作品的展示方式，也拓宽了艺术教育的边界。通过这种技术，艺术教育可以更加直观、生动和多样化地进行，促进学生对美的感知和理解，增强他们的艺术修养和审美能力。学生在通过 AR 技术体验艺术作品时，可以更加深刻地理解作品的内涵和艺术家的创作意图，从而培养出更为敏锐的审美眼光和艺术鉴赏能力。

增强现实技术的应用，不仅使艺术教育得以焕发新的活力，还为学生提供了更加丰富多样的学习体验。同时，这种技术的应用不仅使艺术作品的展示更加生动和立体，也为学生提供了全新的互动和学习方式。随着 AR 技术的不断发展，艺术教育将迎来更多的创新和变革，为未来的艺术教育开辟更加广阔的天地。

（二）增强现实技术在艺术创作中的应用

增强现实技术不仅改变了传统艺术创作的媒介和形式，更为艺术创作注入了动态和交互的元素。通过增强现实技术，艺术创作不再局限于二维的画布或三维的雕塑，而是扩展到虚实结合的多维空间中，这种创新的创作方式为艺术作品带来了新的生命力和表达方式。

增强现实技术使得艺术家能够在现实空间中叠加虚拟元素，以实现传统媒介无法达到的视觉效果。例如，通过 AR 应用程序，艺术家可以在绘画中加入动态的光影效果，使作品呈现出立体的视觉冲击力。这种技术不仅使观众能够通过智能设备体验到作品的多层次视觉效果，还能通过交互操作改变作品的呈现形式，增加了艺术作品的互动性和观赏性。观众与艺术品之间的互动，使艺术体验更为个性化和沉浸式。

增强现实技术还为艺术创作提供了丰富的素材和灵感来源。通过 AR 技术，艺术家可以在创作过程中实时查看和引用全球各地的艺术作品和自然景观，从而激发创作灵感。这种全球化的创作资源共享，使艺术家能够跨越时空限制，融合多元文化元素，创作出具有独特风格的艺术作品。此外，增强现实技术还可以帮助艺术家模拟和实验各种艺术创作的效果，从而提高创作效率和作品的完成度。通过这种方式，艺术家可以更快地探索和实现创意。

增强现实技术在艺术创作中的应用还促进了艺术教育的发展。通过 AR 技术，艺术教育不再依赖于传统的教学手段，而是能够提供更加直观和生动的教学体验。例如，学生可以通过增强现实技术，近距离观察和分析名家作品的细节，甚至参与到虚拟的艺术创作过程中，从而提高其艺术感知能力和创作水平。这种基于增强现实技术的艺术教育模式，不仅激发了学生的学习兴趣，还培养了他们的创新思维和实践能力，学生们能够在互动中更加深入地理解艺术创作的过程和技巧。

增强现实技术在艺术创作中的应用，不仅拓展了艺术的表现形式和创作手段，还为艺术作品注入了新的活力和互动性。它不仅改变了传统的艺术创作和观赏方式，还为艺术教育提供了全新的教学模式和手段，推动了艺术创作和教育的创新与发展。随着技术的不断进步，增强现实技术在艺术领域的应用前景将更加广阔，必将为艺术世界带来更多的惊喜和变革。

第三章　美学视野下的人工智能与机器学习技术教学

第一节　人工智能与机器学习技术概述

一、人工智能的基本概念

随着科技的迅猛发展，人工智能(AI)逐渐成为21世纪最具革命性的技术之一。AI不仅在工业、医疗、金融等领域展现出巨大的潜力和应用前景，而且在教育领域引发了深远的变革。本章将深入探讨人工智能的基本概念及其在现代教育技术与教学中的应用，揭示技术与美学的深度融合如何推动教育的未来发展。

人工智能是计算机科学的一个重要分支，旨在模拟和扩展人类智能的各个方面。AI不只是单一的算法或编程技术的集合，而是涵盖了机器学习、深度学习、自然语言处理和计算机视觉等多种先进技术和方法。其核心目标在于使机器能够自主学习、推理、规划和决策，从而在复杂的环境中完成特定任务。AI系统通过大量的数据训练，能够不断优化自身的性能，提高任务完成的效率和准确性。

机器学习是人工智能的一个重要分支，主要通过算法和统计模型使计算机系统能够自动改进其性能。深度学习则是机器学习的一个子领域，使用多层神经网络来处理和分析数据，特别适用于处理图像、语音和文本等复杂数据。自然语言处理(NLP)涉及计算机与人类语言的互动，使机器能够理解、解释和生成自然语言文本。计算机视觉则使机器能够从图像和视频中获取信息并进行分析和理解。

AI的核心在于数据，通过对大量数据的分析和训练，AI系统能够识别模式、进行预测和作出决策。数据的质量和数量直接影响AI系统的性能，因此大数据技术在人工智能的发展中起着至关重要的作用。AI不仅可以处理结构化数据，还可以处理非结构化数据，如图像、视频和文本，从而扩展了其应用范围和能力。

在现代教育中，人工智能的应用具有深远的影响，主要体现在个性化教学、智能辅导系统、自适应学习平台和教育资源的智能推荐等方面。通过AI技术，教育工作者可以实现个性化教学，针对不同学生的学习需求和进度量身定制教育方案。AI系统能够分析学生的学习行为和成绩数据，为教师提供详细的学习分析报告，帮助他们更好地了解学生的学习状况和需求。

智能辅导系统利用AI算法实时监控学生的学习过程，识别学习中的难点和瓶颈，并提供及时的反馈和指导。这些系统不仅能回答学生的疑问，还能提供个性化的练习和测试，帮助学生巩固知识，提高学习效果。自适应学习平台则更进一步，能够根据学生的学习进度和能力水平，动态调整学习内容和难度，使每个学生都能在适合自己的节奏下学习。

AI还可以用于教育资源的智能推荐，基于学生的兴趣和能力水平，推荐最适合的学习材料和课程。通过分析学生的学习数据和行为模式，AI系统能够精准推荐适合学生的教材、视频课程和练习题，帮助学生更高效地学习。智能推荐系统不仅提高了学习资源的利用率，还增强了学生的学习体验和兴趣。

从美学视野来看，人工智能在教育中的应用不仅提高了教学效率，还丰富了教学形式和内容的表达方式。虚拟现实（VR）和增强现实（AR）技术的融合，使得教育内容更加生动直观，增强了学生的学习体验和参与感。通过VR技术，学生可以身临其境地探索历史事件、科学实验和地理环境，获得沉浸式的学习体验。AR技术将虚拟信息与现实环境相结合，使教学内容更加互动和具象化，从而激发学生的学习兴趣和创造力。

AI生成的交互式内容和智能辅助工具，也进一步推动了教育的数字化和智能化发展。通过自然语言处理技术，AI可以生成生动有趣的教学材料，如智能对话机器人、语音助手和互动故事书。这些工具不仅提高了学生的参与度，还使教育过程更加个性化和互动化。AI还可以创建虚拟教室和导师，随时提供学习支持和指导，帮助学生随时随地进行学习和复习。

通过这些技术手段，教育不再是单向的信息传递，而是一个互动、动态和富有创意的过程。AI技术的应用使教学内容不再局限于传统的书本和课堂，还包括丰富的多媒体资源和互动体验。学生不仅是知识的接收者，更是学习过程的主动参与者和创造者。AI技术的引入，为教育注入了新的活力和内涵，使教育更加贴近学生的需求和兴趣。

二、人工智能的核心技术

人工智能（AI）作为现代教育技术的重要组成部分，正在以其核心技术深刻地影响着教育的各个方面。AI技术的进步不仅改进了传统教育的方式，还为教育提供了新的可能性和工具，使得教育更加个性化、高效和智能化。

(一)机器学习

机器学习通过算法和统计模型使计算机系统能够从数据中学习和改进,逐渐提升其在特定任务中的表现。在教育领域,机器学习的应用十分广泛且意义重大。通过收集和分析大量的学生学习数据,智能系统能够为学生提供个性化的学习路径。这种个性化学习不仅可以使学生有效掌握知识点,还可以根据每个学生的学习习惯和进度进行定制,提高学习效率。例如,某些在线教育平台利用机器学习技术分析学生的答题记录、学习时间和错误率,从而推荐最适合他们的学习内容和练习题。这样一来,学生不再需要按部就班地跟随统一的课程进度,而是能够按照自己的节奏学习。这种方法不仅能提高学习效果,还能激发学生的学习兴趣,使教育过程更加符合每个学生的实际需求。此外,机器学习还可用于预测学生的学习成绩和行为,帮助教师及时发现和解决潜在的问题,进一步优化教学策略。

(二)深度学习

深度学习是通过模拟人脑的神经网络结构来处理复杂的数据,展现出强大的数据处理和分析能力。深度学习在图像识别、自然语言处理和语音识别等方面的卓越表现,使其在教育技术中的应用越来越广泛。例如,基于深度学习的智能辅导系统,通过分析学生的答题情况,能够精准定位他们的知识盲区,并提供有针对性的辅导方案。这样的系统不仅大大减轻了教师批改作业和个别辅导的工作负担,还显著提高了教学效果和效率。此外,深度学习技术还被应用于开发虚拟实验室和模拟教学环境,这些环境可以为学生提供更加直观和互动的学习体验。例如,在虚拟化学实验室中,学生可以通过 3D 仿真进行各种化学实验,不仅安全可靠,还能加深对理论知识的理解。这种技术的应用为现代教育注入了新的活力,使教学更加生动和多样化。

(三)自然语言处理

自然语言处理(NLP)使得计算机能够理解和生成自然语言,从而实现人机之间的有效沟通。在教育领域,NLP 技术的应用极大地提升了教学及学习的互动性和智能化水平。例如,基于 NLP 技术的智能对话系统,可以与学生进行实时互动,回答他们在学习过程中遇到的各种问题,及时提供帮助和指导。这种互动不仅可以解决学生的疑问,还能引导他们深入思考,培养自主学习的能力。自动评分系统也是NLP技术在教育中的重要应用之一。通过对学生作业和考试的自动批改,NLP技术能够快速、准确地评估学生的学习成果,减轻教师的工作负担,同时提高评估的效率和公平性。例如,在大规模在线课程(MOOC)中,自动评分系统可以及时提供反馈,让学生迅速了解自己的学习情况并进行有针对性的改进。这样的技术应用不仅提高了教学评估的效率,还促进了教育资源的公平分配。

(四)计算机视觉

通过摄像头和图像处理算法,计算机视觉技术可以实时监控课堂情况,分析学生的行为和情绪变化,从而帮助教师及时调整教学策略。例如,在课堂上,计算机视觉技术可以检测到学生的注意力分布和参与度,帮助教师及时发现哪些学生可能在走神或遇到了困难,从而采取相应的措施来重新吸引学生的注意力。这样的实时反馈不仅有助于提高课堂教学的效果,还能帮助教师更好地了解学生的学习状态和学习方面的需求。此外,计算机视觉技术还可用于教育资源的开发和管理。例如,利用图像识别技术,可以对大量的教育资源进行分类和检索,帮助教师和学生更方便地找到所需的学习资料。这样的技术应用不仅提高了教育资源的利用效率,还促进了教育信息化的发展。

三、机器学习的基本原理与分类

机器学习旨在通过计算机模拟人类的学习过程,从数据中自动学习和改进。其基本原理主要包括数据收集、特征提取、模型训练和评估等步骤。数据收集是机器学习的首要环节,确保数据的质量和数量直接影响模型的性能。高质量的数据可以使模型在训练过程中更准确地捕捉到数据的特征,而数据数量则决定了模型能否收集到足够的信息来进行有效预测。特征提取是将原始数据转换为适合模型训练的特征,这一过程需要结合领域知识和统计方法。特征提取不仅是对数据进行简单的转换,还需要对数据的内在结构和特性有深入的理解,从而提取出最能代表数据特征的部分。模型训练则是使用算法对数据进行学习,常见的算法包括线性回归、决策树、支持向量机等。每种算法都有其适用的场景和优、缺点,选择合适的算法是模型训练成功的关键。最后,模型评估通过一系列指标(如准确率、召回率、F1score等)来衡量模型的表现,以确保其在实际应用中的可靠性和有效性。模型评估不仅是对模型性能的简单衡量,还需要考虑模型在实际应用中的稳定性和鲁棒性，从而确保模型在不同环境下都能保持良好的表现。

机器学习根据学习方式和任务类型的不同，可以分为监督学习、无监督学习和强化学习三大类。监督学习是指在带有标签的数据集上训练模型，通过已知的输入输出对来预测新数据的输出，常应用于分类和回归问题。在监督学习中，模型通过对大量的已标记数据进行学习，找到输入与输出之间的映射关系，从而能够在面对新数据时进行准确的预测。无监督学习是指在没有标签的数据集上进行训练，目的是发现数据的内在结构和模式，常见的应用包括聚类分析和降维。无监督学习不是依赖于已标记的数据，而是通过对数据的统计特性进行分析，发现数据的潜在模式，从而实现对数据的有效组织和理解。强化学习是一种通过与环境交互来获得反馈，从而学习最优策略的方法，广泛应用于机器人控制、游戏AI等领域。强化学习通过不断地与环境进行交互，获取环境给出的反馈，从而调整自身的策略，最终找到最优的解决方案。每种机器学习方法都有其独特的应用场景和优势，选择合适的方法对于解决具体问题至关重要。

机器学习作为一种强大的技术手段，正在各个领域发挥着重要作用。通过对机器学习基本原理的深入理解和应用，我们可以在实际应用中取得更好的效果。而在教育技术中的应用，则为个性化学习和智能教育的发展提供了强有力的支持。尽管面临诸多挑战，但我们相信随着技术的不断进步和应用的不断深入，机器学习将在未来的发展中展现出更大的潜力与价值，为教育的进步和发展作出更大的贡献。

四、机器学习的优势

在现代教育中，机器学习技术的应用展现了多方面的显著优势。利用大数据分析和深度学习算法，教育工作者能够为学生提供更加精准的个性化教学方案。通过对学生学习行为和学业成绩的数据分析，机器学习算法可以预测学生的学习需求和潜在问题，从而为教师提供针对性的教学建议。这种数据驱动的教学模式，不仅有助于提高教学效率和教育质量，还能确保每一个学生都能得到适合其自身情况的教育资源和学习指导。个性化教学的实现，能够通过对海量数据的分析，可以精准定位每个学生在学习过程中的薄弱环节和优势所在。借助机器学习算法，教师可以了解学生的学习进度、学习习惯以及知识掌握情况，从而在教学内容和教学方法上进行调整和优化。这样，学生在学习过程中能够得到更多的关注和指导，学习效果自然也会显著提升。

机器学习技术的另一个重要应用是教育资源的管理和利用效率的提升。

在传统的教育模式中，教育资源的分配往往依赖于教师的经验和主观判断，而这种方式难免存在资源浪费和分配不均的问题。机器学习技术可以通过算法实现资源的最优配置，使教育资源的管理更加智能化和高效。例如，通过对教学视频、课件等资源的标签化管理和智能推荐系统，学生可以更加快捷地找到适合自己的学习资料，教师也可以更高效地组织和管理教学资源，这种智能化的资源管理系统，不仅能节省教学时间，还能提升教学效果。通过机器学习技术的应用，教育资源的利用效率有了极大的提高，可以实现教育资源的最大化利用，避免了资源的浪费和重复建设。同时，智能化的资源管理系统还可以通过数据分析，及时发现和解决教育资源管理中的问题，进一步提高教育资源的利用效率。

促进教育公平是现代教育改革的重要目标之一。由于区域、经济等因素的限制，教育资源的分配往往存在不均衡现象，这使一些地区的学生在教育资源的获取上处于劣势。机器学习技术通过大数据分析和智能推荐系统，可以帮助教育管理者发现和解决教育资源分配中的不公平问题。通过智能化的教育资源分配和管理，可以有效地缩小城乡、地区间的教育差距，推动教育公平发展。机器学习技术的应用，可以通过对教育资源的需求和供给进行精准的分析和预测，确保教育资源能够更公平地分配到每个学生的手中。例如，通过对不同地区、不同学校的教育资源进行数据分析，可以发现资源分配中的不均衡现象，从而采取相应的措施对其进行调整和优化。这样一来，不同地区、不同学校的学生就都能够享受到同样优质的教育资源，教育公平得以实现。

随着人工智能和机器学习技术的不断发展，教育模式和教学方法也在不断创新。基于机器学习的智能辅导系统、虚拟实验室和互动式学习平台等新型教育工具，已经在一些前沿教育机构中得到了应用。这些新型教育工具不仅能激发学生的学习兴趣，还能够培养学生的自主学习能力和创新思维，为未来教育的发展开辟了新的路径。智能辅导系统可以根据学生的学习情况，提供个性化的学习建议和辅导，帮助学生更好地掌握知识点。虚拟实验室通过虚拟现实技术，让学生在虚拟环境中进行实验操作，提升学生的实践能力和创新能力。互动式学习平台通过在线互动，让学生在学习过程中保持高昂的学习兴趣和积极性。这些新型教育工具的应用，不仅丰富了教学手段和教学内容，还提升了教学效果和教学质量，为现代教育的发展注入了新的活力。

第二节　美学视野下的人工智能与机器学习技术教学设计

一、美学原则在人工智能教学设计中的应用

(一)课程内容的美学优化

在当今教育技术飞速发展的背景下,课程内容的美学优化成为提升教学效果的重要手段。特别是在教授人工智能与机器学习技术时,美学优化不仅涉及视觉上的美感,还涵盖了内容的结构、逻辑和呈现方式。通过美学优化,教学内容变得更加易于理解、记忆和应用,极大地提升了学生的学习体验和效果。

内容的组织结构需要遵循美学原则,确保教学内容有清晰的层次和逻辑递进性。教学内容应被设计成一个有机的整体,每个知识点的引入都应前后呼应,形成逻辑链条。例如,在人工智能课程中,可以按照算法的复杂程度从简单到复杂依次展开,从基础概念、简单模型到复杂模型和应用案例,逐步深入,形成一个完美的知识链条。这种结构不仅有助于学生理解知识脉络,还能增强学习的系统性和连贯性。

视觉设计是教学内容美学优化的另一个重要方面。教学材料如PPT、图表和多媒体资源应设计美观,色彩搭配合理,排版规范。合理使用图形、动画和视频等多媒体元素,可以增强内容的吸引力和趣味性,帮助学生更好地理解抽象的概念和复杂的算法。例如,使用动画演示算法运行过程,能够让学生直观地看到每一步计算和结果变化,增强学生理解和记忆。视觉设计的优化不仅提升了教学材料的观赏性,而且提高了学生的注意力和参与度。

语言表达的美学优化同样不可忽视。教学内容的语言应当简练、准确、生动,避免冗长和晦涩难懂的表述。通过生动的案例和形象的比喻,将复杂的技术概念变得通俗化,使学生能够在具体情境中理解和应用所学的知识。例如,在讲解机器学习中的数据预处理时,可以使用“清洗数据”这个形象比喻,让学生联想到日常生活中的清洁过程,从而更容易理解数据清洗的必要性和步骤。这样不仅使语言表达更加生动,还能有效地增强学生的理解和记忆。

课程内容的美学优化不仅提升了教学的观赏性和趣味性,更重要的是增强了教学的有效性和学生的学习动力。在现代教育技术与教学中,美学视野下的内容

优化将成为提升教学质量和效果的重要手段。通过系统的结构设计、精美的视觉呈现和简练生动的语言表达，能够极大地提升学生的学习体验和效果。

(二)教学界面的美学设计

一个优美的教学界面不仅能吸引学生的注意力，还能提升他们的学习体验和学习效果。教学界面的美学设计不只是视觉上的美感，更是功能与形式的完美结合。界面设计应遵循美学原则，如对称性、平衡感、和谐性和简洁性等，以确保界面布局简洁明了、信息层次清晰、操作便捷。

色彩在教学界面美学设计中具有重要的心理和情感影响。合理的色彩搭配可以增强界面的视觉吸引力，激发学生的学习兴趣。色彩选择应考虑到学生的心理反应，不同的色彩会传递不同的情感和信息。例如，蓝色和绿色可以传递冷静和信任感，红色和橙色可以激发活力和热情。在人工智能与机器学习技术教学界面中，色彩的搭配应与课程内容相协调，以避免视觉上的冲突和疲劳。

图标和图形设计也是教学界面美学设计的重要组成部分。图标应具有高度的识别性和简洁性，帮助学生快速理解和操作。图形元素的运用可以增强界面的趣味性和互动性，帮助学生更好地理解复杂的概念和知识。在人工智能与机器学习技术教学中，使用直观的图形和动画可以有效地帮助学生理解算法和模型的运行机制，增强学习的直观性和趣味性。

字体和排版设计在美学界面设计中同样不可忽视。字体选择应以易读性为首要原则，字形简洁、笔画清晰、字距和行距合理。排版设计应注重信息的层次性和逻辑性，通过合理的版面布局来引导学生的视线，帮助他们快速抓住重点内容。在人工智能与机器学习技术教学界面中，合理的字体和排版设计可以提高信息传递的效率，以减轻学生的认知负担。

教学界面的美学设计不仅提升了界面的视觉效果，还直接影响到学生的学习体验和效果。通过遵循美学原则，合理搭配色彩、图标、图形、字体和排版，可以打造出既美观又实用的教学界面，从而助力人工智能与机器学习技术教学的有效开展。

二、人工智能下教学内容生成的美学标准

(一)内容生成的美学原则

在现代教育技术中，教学内容生成不仅影响学生的学习体验，还直接关系教

学效果的实现。通过人工智能与机器学习技术,教学内容可以呈现出多模态、多视角、多层次的方式,这种多样化的内容生成方式需要遵循一定的美学原则,以确保内容具有吸引力和达到教育效果。

视觉美感在内容生成中起着至关重要的作用。视觉美感不仅是指色彩的协调和图像的清晰度,还包括内容布局的合理性和信息传达的有效性。人工智能技术能够通过大数据分析和深度学习,优化内容的视觉设计,使其更符合人类的视觉认知规律。例如,机器学习算法可以分析大量教育素材,生成图文并茂、符合美学标准的教材,使学生在学习过程中得到视觉上的愉悦,从而提高学习兴趣和学习效率。

内容的情感共鸣在教学中具有重要的作用。教育不仅是知识的传递,更是情感的交流。人工智能与机器学习技术可以分析和识别学生的情感状态,生成具有情感共鸣的教学内容。这不仅可以增强学生的学习动机,还可以促进师生之间的情感互动。例如,自然语言处理技术可以生成具有情感色彩的交互式教材,根据学生的反馈实时调整内容,使教学过程更加生动有趣,从而激发学生的学习热情。

文化内涵在教学内容中也是不可或缺的。教学内容不仅要传递知识,还要弘扬文化。人工智能与机器学习技术可以分析和挖掘不同文化背景下的教育素材,生成富有文化内涵的教学内容。通过多元文化视角的教学设计,不仅可以拓宽学生的视野,还可以培养学生的文化素养和跨文化交流能力。例如,机器学习技术可以对中外文化素材进行比对与整合,生成具有多元文化内涵的教学内容,使学生在学习知识的同时,感受到文化的浸润和熏陶。

(二)内容展现的美学考量

在人工智能与机器学习技术的教学过程中,内容展现不仅涉及教学材料的视觉设计,还包括信息呈现的逻辑性和条理性。通过精心设计的教学内容,可以提高学生的学习效率和学习兴趣,增强他们对复杂技术概念的理解。

视觉设计应遵循简洁明了的原则,色彩搭配要和谐,避免过多的装饰元素干扰学生的注意力。现代化的设计风格,如扁平化设计和信息图表,可以帮助学生更直观地理解复杂的技术概念。简洁的设计不仅可以减少视觉疲劳,还可以让学生更加专注于学习内容,从而提高学习效果。

内容的排版需要科学合理,确保信息的层次分明。通过适当使用标题、列表和段落,可以帮助学生快速抓住重点内容,提高学习效率。排版设计应考虑学生的阅读习惯,使重要信息突出显示,次要信息合理归类,从而构建一个清晰、易读的学习材料结构。

采用多媒体手段，如视频、动画和互动式图表，不仅可以增强内容的吸引力，还可以促进学生的理解和记忆。这些多样化的呈现方式应根据教学内容的特点进行选择，以达到最佳的教学效果。多媒体手段可以为学生提供生动的学习体验，使抽象的理论知识变得具体形象。

信息的逻辑性在内容展现中同样不可忽视。教学材料应遵循从易到难、从浅入深的编排逻辑，使学生能够循序渐进地掌握知识。内容之间的衔接应自然流畅，避免出现突兀的跳跃或冗长的过渡。合理设计的信息流可以提升学生的学习体验，提高教学效果。

美学视野下的内容展现还需关注学生的情感体验。教学材料的设计不仅要传达知识，还要激发学生的学习兴趣和好奇心。通过富有创意的设计和人性化的内容安排，可以激发学生的学习动力，使他们更主动地参与到学习过程中。良好的情感体验不仅能提升学生的学习动力，还能使他们在学习中获得更多的成就感和满足感。

三、机器学习算法的美学优化

(一)算法选择的美学标准

在教学设计中，算法的选择不仅需要满足技术性能上的要求，还需要具备一定的美学吸引力和教育价值。美学标准主要体现在算法的简洁性、透明性以及可解释性上，这些特性可以提升学生的学习体验和兴趣，从而使他们更好地掌握和应用算法。

1.简洁性

简洁性的算法在实现上更加直观，使学生能够快速上手和深入学习。简洁性不仅有助于降低认知负荷，使学生专注于对核心概念的掌握，还能促进教学过程中层次递进的原则。例如，线性回归算法因其简单的数学基础和直观的几何解释，成为教学中常用的入门级算法。

2.透明性

透明性的算法能够清晰地展示每一步计算过程，帮助学生理解算法的运作原理和每个参数的作用。这种透明性有助于培养学生的逻辑思维能力和问题解决能力。通过对透明算法的学习，学生可以更好地掌握如何优化和调整算法，以适应不同的应用场景。

3. 可解释性

可解释性的算法能够提供清晰的结果分析和决策依据，使学生理解算法输出的意义和背后的逻辑。在教学中，这有助于培养学生的批判性思维和分析能力。例如，决策树算法能够直观展示决策过程和分裂条件，成为一种具有很高教育意义的教学工具。

（二）算法调整的美学原则

在现代机器学习技术教学中，算法的调整不仅仅是为了优化性能和提高效率，更需要从美学视角出发，注重算法的简洁性和优雅性。简洁的算法设计不仅能提高模型的解释性和可理解性，还能降低计算复杂度，实现更高效的运算。美学视野下的算法调整强调代码的整洁和逻辑的清晰，使学生在学习过程中能够直观地理解算法的核心思路和实现过程，从而培养他们的算法设计能力和审美素养。

美学原则在算法调整中还体现在对数据结构和算法流程的优化上。教学中应鼓励学生采用简洁、直观的数据结构，使算法在处理数据时更高效、更清晰。数据结构的选择直接影响算法的执行效率和可读性，合适的数据结构能够使代码更具逻辑性和美感。算法流程的设计应避免冗长和复杂，力求用最少的步骤实现预期功能。通过这种美学优化，学生不仅能提高编程效率，还能在潜移默化中培养良好的编程习惯和审美意识。

在具体的教学实践中，教师可以通过案例分析和实际操作，向学生展示美学优化在算法调整中的重要性。通过对比不同算法在解决同一问题时的效率和美感，帮助学生理解为什么简洁优雅的算法往往能够更好地解决复杂问题。教师还可以引导学生进行算法的自我优化练习，鼓励他们在实践中探索和应用美学原则，从而提升其编程技能和审美素养。通过这些实践活动，学生能够直观地认识到美学在算法设计中的实用性和重要性。

在美学视野下进行机器学习算法的调整，不仅能提高算法的性能和效率，更重要的是能提升学生的审美素养和创新能力。这种教学方法不仅符合现代教育技术的发展趋势，而且为培养学生的综合素质和核心竞争力提供了有力支持。通过将美学原则融入算法设计与调整，学生将能够更加全面地理解和应用机器学习技术，成为具备高水平审美素养和创新能力的技术人才。

注重美学原则的机器学习算法调整教学，不仅提高了算法的质量和性能，还提升了学生的审美和设计能力。通过这种方法，学生不仅掌握了更高效的算法，还培养了其良好的编程习惯和审美意识，为未来的发展奠定了坚实的基础。

四、机器学习算法的可视化美学设计

（一）数据可视化的美学原则

数据可视化旨在将复杂的数据转化为易于理解的视觉信息。色彩、布局和图形选择是实现这一目标的核心美学原则。

1. 色彩的选择

色彩不仅能吸引用户的注意力，还能帮助用户快速理解数据含义。合理的色彩搭配可以避免视觉疲劳，突出数据的关键部分。色彩选择应遵循色彩理论的基本原则，如色轮、色彩对比和色彩和谐。背景色和数据色的搭配需要足够高的对比度，以确保数据的可读性。此外，色彩的使用还应考虑用户的文化背景和视觉习惯，避免使用可能引起误解或不适的颜色。

2. 布局设计

良好的布局能够引导用户视线，帮助用户迅速找到所需信息。布局设计需要考虑信息的层级关系和逻辑顺序，确保用户按照预期路径进行阅读。布局应遵循简洁、清晰的原则，避免过多装饰元素干扰用户的注意力。网格布局是一种常见选择，它提供结构化的视觉框架，使信息展示更加有序。通过合理安排信息的位置和顺序，布局设计可以有效减轻用户的认知负担。

3. 图形选择

不同类型的数据适用于不同的图形展示方式。例如，条形图适用于比较不同类别的数据，折线图适合展示数据的变化趋势。选择图形时，应考虑数据特点和展示目的，确保所选图形能够准确传达信息。图形设计还应注重细节，如轴线、标签和标记的设计，确保用户能够轻松理解图形中的信息。通过选择合适的图形类型,可以更好地展示数据特点和内在规律。

通过色彩、布局和图形选择等美学设计的综合运用,可以极大地提升数据可视化效果,使数据更加直观、易懂。这样的设计不仅能提高用户的阅读体验,还能增强数据传播效果,为教学和学习提供有力支持。数据可视化不仅是技术问题,更是艺术问题,通过美学设计的科学运用,可以将数据的价值最大化地呈现出来。

(二)可视化工具的美学应用

在现代教育技术与教学中,可视化工具不仅能帮助学生理解复杂的算法和数据模式,更通过美学设计提升了学习体验和效果。

可视化工具的美学应用体现在图形元素的设计上。高质量的图表、色彩搭配、字体选择等因素,都能直接影响学生对信息的接受度和理解能力。色彩的运用应遵循色彩心理学原则,选择能够舒缓眼睛、提升注意力的色调,如蓝色和绿色。同时,图表中的元素应该简洁明了,避免过于复杂和冗杂的设计,以免造成视觉疲劳和认知负担。通过这种方式,学生在学习过程中能够更专注、更轻松地理解复杂的数据和算法。

交互性的设计是可视化工具美学应用的另一个重要方面。交互性不仅能增强学生的参与感,还能通过动态展示和实时反馈,帮助学生更直观地理解机器学习算法的运行机制。例如,通过滑动条、按钮等交互元素,学生可以调整参数,观察不同参数设置下算法的变化情况。这种动态、互动的学习方式,不仅能增加学习的趣味性,还能深化学生对知识的理解和记忆。交互性的设计使得学习过程更加生动有趣,从而激发学生的学习热情。

用户体验设计(UX Design)在可视化工具的美学应用中同样占据重要地位。一个良好的用户界面(UI)设计,能够显著提升学生的学习效率和满意度。UI设计应注重易用性和直观性,确保学生在使用过程中能够轻松找到所需功能和信息。同时,界面的设计风格应与教育内容相符,让学生有一个和谐一致的视觉体验。通过精心设计的用户界面,学生可以在一个舒适、愉悦的环境中进行学习,从而提升整体学习效果。良好的用户体验设计不仅提升了学生的操作便利性,还增强了学习过程中获得的愉悦感。

可视化工具的美学应用也应考虑到多样化和个性化的需求。不同学生在认知风格、学习习惯等方面存在差异,可视化设计应提供多种视图和模式,满足不同学生的需求。例如,针对视觉型学生,可以提供丰富的图形和动画;针对文本型学生,可以增加更多的文字说明和注释。通过满足不同学生的个性化需求,教学设计能够更好地促进学生的全面发展和深度学习。多样化和个性化的设计让学生能够选择最适合自己的学习方式,从而提高学习效率和效果。

通过综合运用图形元素设计、交互性设计、用户体验设计以及多样化和个性化设计,可视化工具在教育技术中的美学应用大大提升了学生的学习体验和效果。未来,随着技术的不断发展,这些美学应用将在教育领域发挥越来越重要的作用。

第三节　美学视野下的人工智能与机器学习技术教学应用

一、美学视角下的智能教学工具设计

(一)教学工具的智能化与美学结合

在现代教育技术的迅猛发展中,智能教学工具的设计正逐渐成为焦点。这些工具不仅提高了教学效率,还带来了全新的教育体验。在美学视角下,智能教学工具的设计需要在功能性与审美性之间找到平衡。智能化特征如自适应学习系统、数据分析、个性化推荐等功能,使教学工具更加有效。然而,这些功能的实现需要通过美学设计来提升用户体验,使学生在使用过程中能够享受到视觉和心理上的愉悦。

智能教学工具的界面设计应注重色彩、布局、交互体验等方面的美学元素。色彩的选择不仅要符合教育场景,还要考虑到不同年龄段的学生对色彩的敏感度和偏好。布局设计需要简洁明了,能够使学生快速找到所需功能,减轻学生的认知负担。交互体验应流畅自然,避免复杂的操作步骤,使学生能够专注于学习内容本身。动画效果、图标设计等细节也需要精心打磨,以提高整体的美学品质。

在智能教学工具的设计中,情感化设计是一个重要的方面。通过情感化设计,教学工具不仅能传递知识,还能激发学生的学习兴趣和情感共鸣。例如,通过拟人化设计赋予教学工具一定的人格特征,使其与学生进行情感交流,能够增强学生的学习动机。情感化设计还可以通过音效、视觉反馈等方式来增强互动体验,使学生在学习过程中获得更多的情感支持和鼓励。

智能教学工具的设计还应注重文化元素的融入。在全球化背景下,不同文化背景的学生对美学有不同的理解和需求。教学工具设计应尊重和体现多元文化,

通过融入本地化的美学元素，使教学工具更加贴近学生的生活和文化背景，增强学生的认同感和归属感。这不仅有助于提升学生的学习效果，还能够培养学生的文化多样性意识和全球视野。

智能教学工具的设计不仅需要在功能性上做到智能高效，更需要在美学设计上精益求精。通过注重色彩、布局、交互体验、情感化设计以及多元文化的融入，智能教学工具才能真正实现提升教学质量和学生学习体验的目标。未来，随着技术和设计理念的不断进步，智能教学工具将会在教育领域发挥更重要的作用。

（二）教学工具界面的美学设计

教学工具界面的美学设计不仅能增强学生的学习体验，还能显著提升学习效果。其涉及色彩搭配、布局合理性、视觉引导和用户交互体验等多个方面，这些设计要素共同作用，可以帮助学生更好地集中注意力，并在学习过程中感受到愉悦和满足。

色彩搭配在教学工具界面的设计中具有重要意义。合理的色彩选择能够营造出舒适的视觉环境，减少视觉疲劳，从而提高学生的学习效率。使用冷色调，如蓝色和绿色，能够帮助学生集中注意力；而暖色调，如橙色和黄色，则可以增加界面的亲和力，使学习工具更加吸引人。颜色对比度的适中也至关重要，不同功能区域需要通过颜色区分开来，确保界面信息易于辨识，避免学生在使用时感到困惑。

界面的布局合理性是美学设计的另一关键要素。布局需要符合学生的操作习惯，信息呈现简洁明了，避免繁杂冗余。设计应遵循黄金分割等美学原则，使视觉元素的排列和比例合理，提升界面的美观性和功能性。同时，导航设计需直观易用，能帮助学生快速找到所需资源和功能，减少学生在学习过程中的困惑和挫败感。一个精心布局的界面可以显著提升学生的操作流畅性和使用满意度。

视觉引导在教学工具界面的美学设计中同样重要。通过有效的视觉引导，学生能够快速捕捉到界面上的重要信息，从而提高学习效率。设计者可以利用元素的大小、颜色和动态效果来突出关键信息或操作按钮，使学生在使用过程中能够迅速理解和执行操作。视觉引导不仅能增加界面的美观度，还能增强其使用便捷性和实用性，使学生在学习时更加专注和高效。

良好的用户交互体验也是美学设计不可忽视的部分。一个优秀的界面设计需要简洁、响应迅速、操作反馈明确。设计过程中应注重用户需求和使用习惯，提供流畅自然的操作体验。适当的动画效果和过渡可以使界面操作更加生动有趣，能增加学生的使用兴趣和参与度。通过优化交互体验,学生在使用教学工具时会感到更加轻松和愉快,从而提升学习效果。

二、基于美学的智能化学习路径规划

(一)学习路径的智能化设计

在现代教育技术与教学中,通过对学生知识水平、学习习惯、兴趣爱好等多维数据的分析,智能化系统可以为每个学生量身定制个性化的学习路径。这种智能化设计不仅提高了教学效率,还大大增强了学生的学习体验,使得学习过程更具互动性和趣味性。

智能化学习路径设计的核心在于数据驱动的个性化推荐系统。基于大数据和机器学习算法,系统能够实时分析学生的学习进度和表现,从而动态调整学习路径。这种动态调整不仅体现在学习内容的选择上,还体现在学习进度的安排和学习资源的配置上。这种智能化的设计使学生能够在合适的时间接触到最适合的学习内容,从而实现最佳的学习效果。通过这种个性化的推荐,学生不仅能得到更有针对性的指导,还能更快地补齐自身的知识短板,从而提升整体学习效率。

在美学视野下,智能化学习路径设计还需考虑学习过程的美感和愉悦感。学习不仅是知识传授与接受的过程,更是审美体验的过程。通过引入游戏化设计、互动式体验以及多媒体资源,智能化学习路径设计可以提升学生的情感投入和审美体验。例如,通过虚拟现实(VR)技术,学生可以置身于虚拟的学习环境中,感受更加真实和生动的学习体验。这样的设计不仅能激发学生的学习兴趣,还能使他们更加专注于学习内容,从而提高学习效果。

智能化学习路径设计还应注重学生自主学习能力的培养。通过智能化系统的辅助,学生可以逐步学会如何规划自己的学习路径,如何选择适合自己的学习资源,从而提高自主学习能力。这种自主学习能力的培养不仅有助于学生在当前学科的学习,还将为其未来的持续学习和终身学习打下坚实的基础。通过不断地自我调适和反思,学生能够在不断变化的知识环境中保持学习动力和学习效率。

智能化学习路径设计通过数据驱动的个性化推荐、愉悦的审美体验和自主学习能力的培养,全面提升了现代教育的效果。它不仅使学习过程更加高效和愉快,还为学生的终身学习奠定了坚实的基础。未来,随着技术的不断进步,智能化学习路径设计将会变得更加成熟和广泛应用，为教育领域带来更多的创新和变革。

（二）学习路径的美学优化

1. 界面的视觉设计

界面的视觉设计不仅是为了美观，更是为了提高信息传递的效率。色彩搭配、排版合理性和图标使用等多个方面都可以帮助学生更快地找到所需信息，从而减少认知负荷。例如，通过对比色的运用，可以突出关键内容；一致性的图标设计则能帮助学生迅速理解操作步骤。合理的视觉设计能够引导学生的注意力，提升学习过程的流畅度和舒适度。

2. 交互设计

良好的交互设计能够增强学生的参与感和互动性，从而提高学习效果。在智能化学习路径中，交互设计的美学优化可以通过动态反馈、动画效果等方式来实现。例如，当学生完成某个任务时，系统可以通过动画或音效给予积极反馈，以增强学生的成就感和继续学习的动力。这样的设计不仅提升了学习的趣味性，还能够有效地提高学生的积极性和专注度。

3. 内容的美学呈现

文本排版、图片选择以及多媒体元素的应用都直接影响学生的理解和注意力。合理运用视频、音频和图表等多种媒介形式，可以丰富学习内容的表现方式，吸引学生的注意力。例如，在讲解复杂的机器学习算法时，可以通过动画演示算法的运行过程，使抽象的概念变得形象具体，易理解。多样化的内容呈现方式不仅增加了学习的趣味性，还能显著提升学习效果。

4. 整体用户体验的美学优化

这不仅涉及界面和内容的美学设计，还包括学习路径的流畅性和逻辑性。通过合理规划学习路径，使学生能够按照由浅入深、循序渐进的方式进行学习，避免在学习过程中产生迷茫和挫败感。整体美学优化的目标是让学生在一个愉悦的环境中高效地获取知识和技能，提升整体学习体验。

三、机器学习在课堂教学中的应用

(一)课堂教学中的机器学习模型

在现代教育中,机器学习模型已经成为提高教学质量和效率的重要工具。通过数据分析与预测,这些模型能够提供个性化的学习路径与反馈,将显著提升教学效果。以下将详细介绍机器学习模型在课堂教学中的多个具体应用。

机器学习模型通过分析学生的学习行为数据,可以预测每个学生的学习进度和薄弱环节。这种预测能力使教师能够有针对性地进行辅导与教学调整,从而提高教学效果。例如,通过跟踪学生在不同科目中的表现,模型可以识别出学生在哪些领域需要额外的帮助,并为教师提供具体的指导策略。这种个性化的教学模式不仅能有效提高教学效率,还能更好地满足每个学生的需求,确保所有学生都能跟上教学的进度。

针对每个学生的学习数据,机器学习模型可以推荐最适合其学习水平和兴趣的教学资源。这种智能化的资源推荐系统能够显著激发学生的学习兴趣和积极性。例如,如果一个学生在某一学科表现出特别的兴趣和优异的成绩,系统就会推荐更高级的学习材料和挑战性任务。而对于需要额外帮助的学生,系统会提供基础性、强化训练的资源,以帮助他们巩固知识。通过这种方式,学生能够在最适合自己的学习路径上不断进步。

机器学习模型可以通过实时分析学生的学习数据来生成详细的学习评估报告。这些报告可以帮助教师及时了解学生的学习情况,并根据分析结果进行教学调整。例如,系统可以识别出某些知识点的普遍薄弱环节,并建议教师在这些方面进行更多的讲解和练习。这种实时的学习评估与反馈,不仅提高了教学的针对性和有效性,还能增强学生的学习参与感与自信心,通过及时反馈和改进建议来鼓励学生不断进步。

机器学习模型在课堂教学中的应用,为现代教育提供了新的可能性与视角。通过数据驱动的个性化教学、智能化的资源推荐与学习评估系统,机器学习模型不仅提升了教学效果,还为实现教育公平与个性化学习提供了强大的技术支持。这种技术的应用不仅代表了教育技术的进步,更是教育理念的创新与变革,推动着现代教育向更加科学、有效和公平的方向发展。

(二)机器学习技术在课堂中的美学应用

机器学习技术在课堂教学中的美学应用不仅提升了教学效果,还为学生提供了全新的学习体验。通过这种技术，教育者能够创造出更加丰富多样的教学环境，激发学生对美学的兴趣和热爱。

在艺术教育领域，机器学习通过分析大量艺术作品的风格和技巧，能够为学生生成个性化的艺术创作建议。这种技术能够帮助学生理解不同艺术流派的美学特征，并激发他们的创作灵感。通过与机器学习系统进行互动，学生可以探索不同的颜色搭配、构图方式和表现手法，从而加深自己对艺术美学的理解。这不仅提高了学生的艺术鉴赏力，还增强了他们的创作能力，使他们能够在艺术创作中自由表达。

在音乐教育中，机器学习技术发挥了重要作用。基于机器学习的音乐生成系统可以实时分析学生的演奏，并提供即时反馈。这种反馈不仅包括技术层面的问题，如节奏和音准，还涵盖了音乐表现力和情感表达方面的建议。通过这种方式，学生能够更全面地掌握音乐美学的内涵，提高演奏水平和艺术表现力。此外，机器学习还可以帮助学生分析和理解复杂的音乐作品，从而提升他们的音乐鉴赏能力。这种双向互动的学习方式，可以使学生在音乐学习中更加主动和自信。

在文学教育领域，机器学习技术通过文本分析帮助学生理解和欣赏文学作品的美学价值。机器学习算法可以分析文本的修辞手法、叙事结构和情感基调，帮助学生深入理解作品的艺术风格和创作意图。这种技术不仅提高了学生的阅读和分析能力，还培养了他们的美学素养。通过与机器学习系统的互动，学生可以更好地掌握文学作品的内在美学特征，从而提升整体的文学素养。这种深度学习方式，使学生能够更深刻地感受文学作品的美感和意境。

机器学习技术在课堂教学中不仅丰富了教学手段，还为学生提供了深度参与和互动的机会。这些应用案例展示了机器学习在教育中的潜力，特别是在美学教育领域的创新与突破。通过合理利用机器学习技术，教育者可以创造出更加丰富和多样的教学环境，激发学生对美学的兴趣和热爱。这将对未来的教育模式产生深远的影响，进而推动教育事业的不断发展和进步。

四、美学视野下的机器学习模式

(一)机器学习模式的美学标准

机器学习模式的美学标准在现代教育技术与教学中具有重要意义。美学标准不仅是指机器学习模型的外观设计，还包括模型的结构、效率以及对用户体验的影响。

1. 简洁性和清晰性

简洁性意味着模型的复杂度适中，不冗余，不仅便于理解和解释，也有助于提高计算效率。简洁的模型能够更容易地被学生掌握和应用，从而在教学中发挥更大的作用。清晰性则要求模型的构建逻辑明确，能够直观地展示出不同特征和变量之间的关系，从而增强学生的认知效果。通过清晰的模型结构，学生可以更好地理解数据之间的相互作用和影响。

2. 效率

高效的模型不仅能快速处理大量数据，还能在较短时间内得出准确的结果。效率的提升不仅依赖于算法的优化，还需要硬件支持和数据管理的改进。在教学应用中，快速、高效的模型能够提供即时反馈，帮助学生及时了解学习的效果和进展，从而更好地调动起学生的学习积极性和主动性。高效的模型能够让学生在短时间内获得更多的学习体验，提升整体的学习效果。

3. 用户体验

一个优秀的机器学习模式应当具备良好的交互性和易用性，使学生能够轻松操作和理解模型。在教学环境中，这意味着模型应当具备直观的界面设计、友好的用户交互方式以及详尽的指导说明。这不仅可以提高学生的学习效率，还能够激发他们的学习兴趣，提高他们对知识的掌握程度。良好的用户体验可以增加学生的学习投入，提高教学效果。

4. 可解释性和透明度

模型的可解释性意味着其内部机制和决策过程能够被用户理解和检验，这对于教育来说至关重要。透明度则要求模型在处理数据和得出结论的过程中，能够保持开放和可追溯，确保结果的公正性和可靠性。在教学中，具备高可解释性和透明度的模型能够帮助学生更好地理解算法的原理和应用，从而提升他们的综合素养和创新能力。通过理解模型的内部机制，学生可以更全面地掌握所学知识，提升自己的实际应用能力。

(二)机器学习模式的教学应用

在现代教育技术的背景下，机器学习模式的教学应用不仅需要关注技术的实用性，更应注重其美学价值。在美学视野下的机器学习模式教学能够通过视觉美学、艺术表达、项目实践和环境氛围等多个方面来提升学生的学习体验和效果。

1.融合视觉美学与交互体验

通过使用直观的可视化工具，可以将抽象的算法转化为具体的图形和动态效果，使学生能够直观地观察到算法运行的过程和结果。这种视觉美学的应用，不仅能够激发学生的学习兴趣，还能提高他们对知识的理解和掌握的程度。具体来讲，利用图表、动画和交互式界面，学生能够更清晰地看到数据的流动和变化，加深对复杂概念的理解。

2.教学内容的艺术化表达

设计富有美感的教学材料，如精美的课件、富有艺术感的案例分析和生动的动画演示，能够使教学内容更加生动有趣。这种艺术化表达不仅是形式上的美感，更是在内容深度和广度上的优化，可以使学生在美的享受中获得知识的提升。例如，通过设计独特的教学案例和使用高质量的图像和视频，学生在学习过程中能够保持高度的注意力和积极性。

3.项目式学习和实践活动

通过设计具有挑战性的项目，可以鼓励学生在实际操作中应用机器学习算法，解决实际问题。这种实践活动不仅能够使学生深入地理解机器学习技术，还能够通过实际操作，培养其创新思维和解决问题的能力。在项目设计中融入美学元素，如数据的美学处理和结果的艺术化展示，能够进一步地提升学生的审美能力和综合素养。

4.教学环境和氛围的美化

良好的教学环境和氛围能够潜移默化地影响学生的学习态度和效果。通过优化教室布局，营造舒适、愉悦的学习空间，结合现代教育技术手段，如智能教学设备和虚拟现实技术，能够提供给学生沉浸式的学习体验。一个美观、整洁且富有创意的学习环境，能够使学生感受到学习的乐趣，从而增强学习效果。

第四章　美学视野下的交互技术与教学

第一节　交互技术概述

一、交互技术的定义与分类

（一）交互技术的基本定义

交互技术是一项利用信息与通信技术，通过用户界面来实现人与计算机系统之间双向信息交换的技术。其核心在于通过友好的用户界面来构建一个高效的沟通桥梁，使用户能够与计算机系统进行互动，完成预期的操作和目标。这种技术不仅在确保信息顺畅无误地传递方面发挥着关键作用，还在加强人与机器之间的互动方面显得尤为重要。

现代交互技术不仅注重技术实现，还特别强调用户体验和人机互动的有效性。用户体验的优劣会直接影响系统接受度和使用频率。通过设计直观、易用的用户界面，交互技术能够显著提高信息传递的效率与精度，从而提升整体系统的使用效果。有效的人机互动使用户能够迅速理解系统反馈，作出适当响应，特别是在教育领域，这种互动能够帮助学生更好地掌握学习内容。

在教育领域，交互技术通过各种互动工具和平台来实现师生间和学生间的交流与互动。在线教学平台、互动白板、虚拟实验室和学生讨论区等都是具体应用的例子。这些工具和平台不仅能够使教师更有效地传授知识，也促使学生之间进行相互学习和合作，提高整体教学效果。交互技术的引入，使教育更加个性化、多样化和高效化，有助于培养学生的自主学习能力和创新思维。

综上所述，交互技术通过信息与通信技术和用户界面的结合，实现了人与计算机系统之间的高效互动。它不仅改善了用户体验和信息传递的效率，还在教育领域发挥了重要作用，促进了师生间和学生间的交流与互动。通过这些应用，交互技术正在不断改变我们的学习和工作方式，推动着各领域的进步和发展。

(二)交互技术的主要分类

1.基于硬件的交互技术

在现代教育中,通过物理设备与用户进行交互,提升了学习体验和教学效果。触摸屏技术是其中最为普及的一种,广泛应用于各类教育设备,如智能平板、互动白板等。触摸屏的直观操作方式不仅降低了学生的学习门槛,还使得师生之间的互动更加自然和高效。手势识别设备则进一步增强了交互的灵活性,学生可以通过简单的手势操作来完成复杂的任务,如翻页、缩放等,提高了课堂的参与度和互动性。虚拟现实头盔为教育领域带来了沉浸式的学习体验。通过 VR 技术,学生可以身临其境地探索复杂的概念和场景,如历史事件的重现、科学实验的模拟等,从而更深入地理解和掌握知识。这些基于硬件的交互技术不仅丰富了教学手段,还为学生提供了更加直观和生动的学习体验。

2.基于软件的交互技术

通过提供丰富的功能和灵活的操作界面,极大地提高了教学效率和学习效果。在线协作平台如 Google Classroom、Microsoft Teams 等,为教师和学生提供了一个集成的工作环境,支持实时沟通、文件共享、任务管理等功能。互动白板软件如 Miro、Jamboard 等,使得远程教学和团队协作更加便捷,教师可以实时演示教学内容,学生也能通过多种方式参与到课堂互动中。学习管理系统(LMS)如 Moodle、Canvas 等,则提供了全面的课程管理和学习跟踪功能,教师可以通过 LMS 发布课程资料、布置作业、进行在线测试,学生可以随时随地访问学习资源,跟踪自己的学习进度。这些软件工具不仅提高了教学的灵活性和便捷性,还促进了对学生自主学习能力的培养。

3.基于网络的交互技术

基于网络的交互技术极大地扩展了教学的时空界限,使得教学可以突破教室和学校的物理限制。视频会议系统如 Zoom、Webex 等,支持远程实时教学,教师和学生可以通过视频会议来进行面对面的交流和互动,适用于远程教育和混合式教学模式。在线讨论论坛如 Piazza、Discourse 等,为学生提供了一个开放的交流平台,学生可以在论坛上提问、讨论、分享学习资源,促进了知识的交流和共享。社交媒体如微博、微信等,也逐渐成为教育的重要工具,教师可以通过社交媒体来分享教学资源、发布课程通知，学生可以通过社交媒体建立学习社区，进行课外交流和讨论。这些基于网络的交互技术不仅丰富了教学手段，还增强了师生之间、学生之间的互动和协作。

二、交互技术的基本原理

（一）交互技术的核心机制

交互技术的核心在于通过用户输入设备（如键盘、鼠标、触摸屏等）捕捉用户行为。这些输入设备的关键作用是将用户的行为和意图转化为计算机能够理解的指令。例如，键盘输入将用户的按键行为转化为字符输入，而鼠标的移动和点击则转化为光标的位移和选择操作。触摸屏进一步促进了这一过程，通过多点触控技术捕捉用户的手势和触摸行为，使用户能够通过直接接触屏幕来进行操作。这些输入设备为人与计算机之间的基本信息交换奠定了基础，促进了更复杂的交互模式的发展。

在捕捉到用户行为之后，交互系统需要对这些输入信息进行处理和分析。这一过程涉及多个步骤，包括数据的预处理、特征提取、模式识别和决策制定。通过这些步骤，系统能够准确地理解用户的意图。例如，当用户在触摸屏上进行滑动操作时，系统需要识别滑动的方向、速度和轨迹，从而判断用户的具体需求。处理后的信息会生成相应的反馈和响应，如界面元素的移动、内容的加载或操作的确认。为了保证用户体验的流畅性和自然性，整个处理过程必须尽可能的快速和准确。

交互技术的最终目标是为用户提供一种自然、高效和无缝的体验。在教育领域，这一目标尤为重要，因为有效的交互能够显著提高学生的学习效率和参与度。自然的交互体验意味着用户可以直观地理解和操作系统，而无需复杂的学习过程。高效的交互要求系统能够迅速响应用户的操作，减少等待时间和操作步骤。无缝的用户体验则强调交互过程的连续性和一致性，使用户在不同任务和应用之间切换时不会感到突兀或中断。这种理想的交互体验在教学应用中尤为关键，可以帮助学生更专注于学习内容，从而提高他们的学习效果。

（二）交互技术的操作流程

在现代教育技术中，交互技术的操作是一个复杂且精细的过程，旨在提升用户体验和教学效果。这个流程从用户通过硬件设备输入信息开始，到系统接收并处理这些信息，再到系统生成反馈并通过输出设备展示给用户。每一个环节都至关重要，彼此相辅相成。

用户通过硬件设备输入信息是交互技术的首要环节。硬件设备种类繁多，包括键盘、鼠标、触摸屏和传感器等，这些工具是用户与系统进行初步交互的桥梁。用户输入的信息质量和精确度会直接影响后续的处理效果，因此硬件设备的性能和用户体验设计至关重要。优质的硬件设备不仅能提高用户输入的准确性，还能提高交互效率，从而提升整体的教学效果。

当用户输入信息后，系统会接收这些信息并进行计算和分析。现代的教育技术系统通常具备强大的数据处理能力，能够实时处理大量的用户输入信息。通过预设的算法和模型，系统可以对输入的信息进行各种分析，如语义理解、错误纠正和内容匹配等。这一环节的计算和分析准确性对教学的实时反馈和个性化指导有着重要影响。因此，系统的算法优化和模型训练成为交互技术研究的重要内容，直接关系到教学效果的好坏。

系统在完成计算和分析后，会生成相应的反馈信息，并通过输出设备来展示给用户。输出设备形式多样，包括显示器、音响、投影仪和 VR 设备等。反馈信息的呈现方式和质量对用户的学习体验和效果至关重要。合理设计的反馈机制能够有效引导用户进行下一步操作，增强交互的流畅性和自然性。此外，输出设备的选择和配置也需考虑教学环境的特点，以确保交互过程能够顺畅进行。

交互技术的操作流程不仅是一个技术实现的过程，更是一个不断优化和改进的过程。在美学视野下，交互技术的设计应注重用户体验和教学效果的双重提升。通过精细化的硬件配置、智能化的系统分析和人性化的反馈展示，交互技术能够打造出高效愉悦的教学互动体验。

三、交互技术在教育中的应用

（一）交互技术在课堂教学中的应用

在现代教育技术的推动下，教学方式和学习体验得到了显著提升。互动白板、电子书包和智能教室等技术的应用，不仅使课堂更加生动和多样化，还增进了师生间的互动与交流，满足了学生个性化和多样化的学习需求。

1. 互动白板

互动白板作为一种现代教育技术，极大地提升了课堂教学的互动性与参与感。通过互动白板，教师能够实时展示教学内容，学生可以直接在白板上进行操作和反馈，从而实现即时互动。这种互动方式不仅可以使教学内容更加直观和生动，还能够激发学生的学习兴趣和积极性。互动白板通过多种功能实现师生间的双向互动。例如，教师可以利用互动白板来进行课件展示、视频播放、实时标注等操作，学生则可以通过触摸、书写等方式在白板上进行练习和答题。这种即时反馈机制不仅提高了教学的效率，还增强了学生的参与感和成就感。同时，互动白板还支持多媒体资源的整合与展示，使得教学内容更加丰富和多样，满足了不同学生的学习需求和审美体验。

2. 电子书包

电子书包是现代教育技术发展的又一重要成果，通过平板电脑等设备实现了教材的电子化和互动学习。电子书包不仅可以存储大量的电子教材，还能通过网络资源来实现实时更新和扩展，极大地丰富了教学内容和学习资源。电子书包为学生提供了更加个性化和多样化的学习体验，电子教材的多媒体展示形式使得学习内容更加生动和直观，提升了学生的学习兴趣和效果。电子书包的应用不仅改变了传统的教学模式，还促进了教学资源的共享和传播。教师可以通过电子书包将教学资源上传至网络平台，学生可以随时随地进行下载和学习。这种便捷的学习方式不仅提高了学生的学习自主性，还促进了师生间的互动与交流。此外，电子书包还支持多种互动功能，如在线答题、互动讨论、即时反馈等，这使得教学过程更加动态和灵活，增强了学生的参与感和互动性。

3. 智能教室

智能教室通过结合多种交互技术，打造了一个高效的课堂互动环境。在智能教室中，教师和学生可以通过各种智能设备和技术进行互动与交流，如互动白板、电子书包、智能投影仪、虚拟现实等。这些技术不仅提高了教学的效率和效果，还增强了教学过程的互动性和参与感。智能教室的应用使得教学环境更加美观和舒适，教学内容的展示方式更加多样和生动，提升了学生的学习体验和审美素养。智能教室的建设不仅需要硬件设备的支持，还需要相应的软件和平台的配合。例如，通过智能教学管理平台，教师可以进行教学资源的管理和分发，学生可以进行在线学习和互动交流。这种综合性的教学环境不仅提高了教学的效率和质量，还促进了学生的全面发展和素质提升。智能教室支持个性化学习和差异化教学，可以通过数据分析和智能推荐，来为每个学生提供最适合的学习资源和方案，满足不同学生的学习需求和兴趣。

通过互动白板、电子书包和智能教室的应用，现代教育技术为教学和学习带来了全新的可能性。这些技术不仅提高了教学效率和效果，还增强了学生的参与感和学习兴趣，推动了教育的全面发展和进步。未来，随着技术的不断进步，这些现代教育工具必将继续发挥重要作用。

（二）交互技术在远程教育中的应用

视频会议系统在远程教育中具有重要作用。通过支持师生间的实时音视频互动，视频会议系统能够有效地打破空间限制，为学生提供与教师面对面交流的机会。这种实时互动不仅有助于学生及时获取知识，还可以增强学生的参与感和学习动机。在美学视野下，视频会议系统能够营造出一种虚拟但真实的课堂氛围，使学生在远程学习环境中也能体验到课堂教学的沉浸感和互动感。通过精心设计的视频界面和视觉元素，视频会议系统还可以提升学生的审美体验，激发他们对学习内容的兴趣和热情。

在线协作工具在远程教育中发挥着重要作用，通过提供便捷的协作平台，如 Google Docs 和 Microsoft Teams，学生可以在不同地点共同完成作业和项目。这些工具不仅打破了时间和空间的限制，还促进了学生间的互动和合作。在美学视野下，在线协作工具可以通过简洁、直观的界面设计来提升用户体验，使学生在使用过程中感受到愉悦和高效。协作工具还可以通过多样化的功能来支持学生进行创意表达和展示，进而培养他们的团队合作精神和创新能力，这为远程教育增添了新的美学价值。

虚拟实验室作为远程教育的一项重要技术，提供了远程实验操作的平台，极大地增强了实践教学的互动性。通过虚拟实验室，学生可以在虚拟环境中进行实验操作，观察实验现象，记录实验数据。这种互动式的学习方式不仅提升了学生的实验技能，还促进了他们对理论知识的理解和应用。在美学视野下，虚拟实验室的设计可以通过逼真的视觉效果和精细的交互体验，让学生仿佛置身于真实的实验室中，激发他们的探索欲望和学习兴趣。虚拟实验室还可以通过多样化的实验内容和操作方式来满足不同学生的学习需求，进而提升远程教育的美学品质和教育效果。

(三)交互技术在艺术教育中的应用

交互技术在艺术教育中的应用不仅改变了传统的教学模式,还为学生提供了更加丰富和多样的学习体验。以下是两种主要的应用形式。

虚拟画廊利用虚拟现实(VR)技术,将传统艺术展览从物理空间转移到了数字空间,为观众提供沉浸式的观赏体验。通过 VR 头戴设备,观众可以在虚拟环境中自由漫步,近距离观察艺术作品的细节。相比于传统画廊,虚拟画廊不仅打破了地理和空间的限制,还可以通过交互式功能来为观众提供更丰富的艺术背景和创作过程的信息。这种方式不仅提升了观赏体验,还为艺术教育提供了新的教学模式,学生可以通过虚拟画廊了解不同艺术流派和风格,深化对艺术作品的理解。虚拟画廊不仅用于艺术作品的展示,还可以作为艺术创作的互动平台。学生不仅可以观赏名家作品,还可以通过虚拟画廊来展示自己的创作,并与其他学生和老师进行交流和讨论。VR 技术的应用不仅增强了学习的趣味性,还提供了更多的实践机会,使学生在虚拟现实中进行艺术创作,探索不同的艺术表现形式和技巧。这种互动式的学习方式,有助于培养学生的艺术创造力和批判性思维能力。

交互式音乐平台利用先进的交互技术,为音乐教育提供了全新的教学模式。通过该平台,学生和教师可以在虚拟环境中进行实时互动,共同进行音乐创作和演奏。平台支持多种乐器的模拟演奏,并提供丰富的教学资源,如乐谱、音频示例和练习曲目等。学生可以通过平台来进行自学,也可以与教师进行远程互动,接受个性化的指导和反馈。这种互动式的教学模式,不仅提高了学习效率,还增强了学习的趣味性和参与感。交互式音乐平台还支持多人协作,学生可以在平台上组建虚拟乐队,共同创作和演奏音乐作品。通过实时互动和协作,学生可以学习如何在团队中进行有效的沟通和合作,提升他们的音乐素养和综合能力。此外,平台还提供了录音和回放功能,学生可以记录下自己的演奏过程,以此来进行自我评估和改进。这种基于交互技术的音乐教育方式,不仅丰富了教学内容和形式,还为学生提供了更多的实践机会,促进了他们的全面发展。

交互技术在艺术教育中的应用,为学生提供了前所未有的学习体验和创作机会。虚拟画廊和交互式音乐平台的结合,突破了传统教育的局限,培养了学生的创造力和综合能力。通过这种创新的教学模式,艺术教育将迎来更加多样化和个性化的发展。

四、交互技术的优势

(一)提升学习体验

在现代教育中,通过多感官互动,交互技术能有效地增强学生的学习兴趣和参与度。传统的教学方式大多依赖于视觉和听觉,而交互技术则通过整合视觉、听觉和触觉等多种感官刺激,提供更加丰富和多样化的学习体验。例如,虚拟现实(VR)和增强现实(AR)技术能够让学生身临其境地参与到学习内容中去,使得学习过程变得更加趣味和互动。这种多感官互动不仅能够激发学生的学习兴趣,还能显著地提高他们的注意力和参与度,从而促进更深层次的学习。此外,多感官互动满足了不同学生的学习风格和需求。研究表明,不同的学生在学习过程中对感官刺激的需求是不同的。交互技术通过提供多种感官刺激,使教学内容更加多样化和灵活化,从而满足不同学生的学习需求,进而提升整体的学习效果。

交互技术的另一个显著优势在于其能够提供个性化的学习路径和反馈。传统的教学模式往往是"一刀切"的,难以充分考虑到每个学生的个体差异。而交互技术通过数据分析和人工智能算法,可以根据学生的学习行为和成绩,自动调整学习路径和内容。例如,自适应学习系统能够实时分析学生的学习情况,为每个学生量身定制个性化的学习计划,从而提高学习的效率和效果。与此同时,交互技术还能够提供即时和多样化的反馈机制。相比于传统的考试和作业,交互技术可以通过游戏化的方式让学生在学习过程中不断获得反馈,并且帮助他们及时发现和纠正错误。例如,智能答题系统在学生回答问题后立即给出反馈,并提供相关的学习资源,帮助学生理解和掌握知识点。这种即时反馈机制不仅能够增强学生的学习动机,还能帮助教师更好地了解学生的学习情况,从而进行有针对性的指导和教学调整。

交互技术通过多感官互动和个性化的学习路径,不仅能够增强学生的学习兴趣和参与度,还能满足不同学生的学习需求。随着技术的不断进步,交互技术将在教育领域发挥越来越重要的作用,为学生提供更加优质和高效的学习体验。

(二)促进师生互动

在现代教育技术的推动下,教学方式得到了显著的革新,其中实时互动工具的应用尤为突出。这些工具显著提升了课堂教学的互动性和即时性,成为教师和学生之间进行沟通的重要桥梁。通过即时聊天工具、视频会议软件和互动答题系统等技术，教师能够迅速捕捉学生的反馈，及时调整教学策略，以满足学生个性化的学习需求。课堂上，教师可以通过这些工具与学生进行实时互动，学生也能即时提出问题并获得教师的指导。这种即时的沟通不仅提高了课堂参与度，还极大地增强了学生的学习体验和积极性。

实时互动工具的应用使得教学更加灵活和多样化。传统的教学模式中，师生互动主要局限于面对面的交流，而现代互动工具则打破了这一限制。无论是同步教学，还是异步教学，师生都可以通过这些工具来进行互动，极大地拓展了教学的时空界限。例如，通过即时投票和测验，教师可以迅速了解学生对某一知识点的掌握情况，并据此进行针对性的讲解和辅导。这不仅提高了教学效率，还促进了教学质量的提升。

在线交流平台为师生间进行课后交流提供了更加便捷和高效的渠道，打破了时间和空间的限制，使得师生互动不再局限于课堂内。教师可以通过这些平台发布课后作业、分享资源和发布通知，学生也可以在平台上提交作业、讨论问题和获取反馈。这种方式让教师能够更加全面地了解学生的学习进度和问题，从而为学生提供更加个性化的指导与帮助。

在线交流平台还增强了学习社区的构建，促进了师生之间以及学生之间的交流与合作。在这些平台上，学生可以组成学习小组，共同讨论和解决学习中的问题，分享学习资源和经验。这样的互动不仅有助于知识的内化和巩固，还培养了学生的团队合作精神和社交能力。教师也可以通过平台上的数据分析功能，来了解学生的参与度和活跃度，及时调整自己的教学策略，进一步提升教学效果。

现代教育技术的发展，为课堂教学注入了新的活力。实时互动工具和在线交流平台的应用，不仅提升了教学的互动性和即时性，还优化了师生间的交流与合作，促进了教学质量的全面提升。这种技术的应用无疑为未来教育的发展指明了方向，带来了无限的可能性。

（三）对教学效果的提升

交互技术在现代教育中的应用显著提高了教学内容的直观性和易理解性。通过虚拟现实（VR）、增强现实（AR）等技术，学生能够以更加直观的方式感知和理解抽象的概念。例如，科学课程中的分子结构、历史课程中的古代建筑等，通过3D建模和互动展示，可以让学生更直观地看到并理解这些内容。这种沉浸式体验不仅增加了学习的趣味性，还能帮助学生建立更深刻的认知结构，提升学习效果。交互技术还通过多感官的刺激，满足了不同学习风格的学生需求。传统教学方式主要依赖于视觉和听觉，而交互技术则可以结合触觉、运动觉等多种感官体验。例如，通过触觉反馈技术，学生可以“触摸”到虚拟物体，增强对学习内容的理解和记忆。此外，互动式的学习环境能够激发学生的主动性和参与感，使他们在学习过程中更加集中注意力，从而提高教学效果。

交互技术为教育提供了丰富的教学资源和多样化的教学方式，极大地增强了教学效果。通过互联网和云技术，教师可以轻松获取和共享全球范围内的优质教育资源，如电子教材、教学视频、在线实验室等。这不仅丰富了教学内容，还为教师设计多样化的教学活动提供了支持。例如，教师可以利用虚拟实验平台，让学生进行远程科学实验，这样既解决了实验设备不足的问题，又提高了学生的动手能力和实验技能。交互技术还支持个性化教学和差异化教学。通过学习分析技术，教师可以实时监测和分析每个学生的学习进度和理解情况，有针对性地调整教学策略。例如，基于学生的学习数据，系统可以推荐适合其学习水平的资源和任务，帮助学生在个性化的学习路径中获得最佳的学习体验。同时，互动平台还支持师生、生生之间的即时交流和反馈，促进学习社区的建立和知识的共享，从而进一步提升教学效果。

通过交互技术的应用，现代教育正朝着更加高效和个性化的方向发展。无论是提升教学内容的直观性和易理解性，还是提供丰富的教学资源和多样化的教学方式，这些都为教育的未来发展提供了无限可能。教育者应积极探索和利用这些新技术，以实现更高质量的教学和学习体验。

第二节　美学视野下的交互教学设计

一、美学原则在交互教学界面设计中的应用

优质的教学界面不仅需要具备功能性，还需要在视觉、交互和体验美学方面达标，以确保学生在使用过程中能够获得最佳的学习体验。

视觉美学在交互教学设计中起着至关重要的作用。通过合理运用色彩、布局和图形设计，教学界面不仅能够吸引学生的注意力，还能增强内容的可读性和理解性。色彩的运用应当遵循一定的美学原则，如色彩搭配的和谐性、对比度和饱和度的适中等，以避免视觉疲劳和信息过载。布局设计需要考虑到信息的层次性

和逻辑性，通过合理的排版和空间分配，使得界面清晰明了，易于导航。图形设计可以通过图标、插图和图表等形式，生动直观地来呈现教学内容，增强学生的视觉记忆和理解能力。

交互美学强调界面的直观性和易操作性，这是提升用户体验的关键所在。在交互教学设计中，应当遵循简洁明了的设计原则，使学生能够轻松地理解和操作界面。交互元素如按钮、菜单和链接等，须具备明确的视觉反馈，确保用户在操作过程中能够实时获得反馈信息，减少误操作的可能性。通过规范化和一致性的设计，用户可以在不同的学习模块中获得统一的操作体验，提升学习过程的流畅性和连贯性。创新性的交互设计，如触控操作、手势识别等技术的应用，也可以增加用户的互动性和参与感，激发学生的学习兴趣。

体验美学关注的是用户在使用交互教学界面时的整体感受。良好的使用体验不仅依赖于视觉和交互美学，还需要从用户的角度出发，考虑他们的需求和期望。在交互教学设计中，应当重视用户体验研究，通过用户测试和反馈，来持续优化界面设计，解决用户在使用过程中遇到的问题。可以通过个性化设置、智能推荐和学习路径规划等方式，向用户提供更加贴合他们需求的学习体验。同时，注重情感设计，通过富有创意和趣味性的元素，营造愉悦的学习氛围，增强用户的情感共鸣和学习动力。

二、交互教学中美学元素的应用

(一)色彩美学在交互教学中的应用

在现代交互教学设计中，色彩的统一性是提升界面整体感的重要因素。色彩主题的统一不仅能够使学生在视觉上感觉舒适，还可以增强学习内容的连贯性和一致性。通过选择一个统一的色彩主题，教学界面可以在视觉上形成一个整体，使得各个教学模块之间的过渡更加自然。一个统一的色彩主题还可以帮助学生在不同的学习活动中保持专注，有助于增强学习效果。同时，色彩主题的选择应与教学内容和目标相匹配，使得整个教学设计更具美感和逻辑性。通过这样的设计，教学内容不仅能够变得更加吸引人，还能提升学生的学习体验。

在交互教学设计中，适当的色彩对比是确保教学内容可读性的关键。过强的色彩对比可能会导致视觉疲劳，而过弱的对比则可能导致信息难以辨认。因此，在设计教学界面时，应选择适中的色彩对比，以确保文字和图形的清晰度。具体而言，可以使用深色文字搭配浅色背景，或浅色文字搭配深色背景，以获得最高的可读性。同时，在选用对比色时，应避免使用过于刺眼的颜色组合，以减少对学生视力的负担。此外，色彩对比的合理运用还可以突出重点信息，引导学生的注意力，从而提高学习效率。通过适中的色彩对比，教学内容能够更加地清晰明了，学习过程也会更加顺畅。

心理色彩学在交互教学设计中具有重要的应用价值。不同颜色对人的心理和情绪有着不同的影响，因此，在设计教学界面时，应充分考虑色彩的心理效应，以营造适合的学习氛围。例如，蓝色和绿色具有镇静和放松的效果，适用于需要集中注意力的学习活动；红色和橙色则具有激励和活跃的作用，适用于需要激发创造力和参与度的教学环节。通过合理地运用心理色彩学原理，可以在教学设计中创造出一个既有利于知识传授，又能激发学生学习兴趣和积极性的环境，从而提升整体的教学效果。一个精心设计的色彩环境不仅能提高学生的学习效率，还能提升他们的学习体验。

（二）形态美学在交互教学中的应用

学生和教师作为主要用户群体，对界面元素的直观性和易用性有较高的要求。通过符合用户习惯的设计，能有效降低学习和操作的难度，使用户可以更专注于学习内容，而不是为界面操作所困扰。具体来说，按钮、图标、导航栏等界面元素的布局和形态应深思熟虑，要充分考虑用户的视觉和操作习惯。比如，常用功能的按钮应放在容易接触的位置，图标的设计应简洁明了，要能够一目了然地传达功能信息。此外，界面设计还应考虑多样化的用户需求，如不同年龄段学生的使用习惯和认知特点，从而提升整体操作的直观性。

现代交互界面中，圆角和阴影的设计手法广泛应用，能够显著增强界面的层次感和立体感，从而提升用户的视觉体验。在交互教学设计中，利用圆角设计可以使界面显得更加柔和、友好，减少视觉疲劳。圆角的应用不仅限于按钮，还可以扩展到卡片、对话框等各类界面元素，使整体设计风格能够更加统一和谐。阴影的使用则可以通过模拟光影效果，创造出明显的层次感，使界面元素看起来更加立体和生动。在教学界面中，阴影可以用于突出重点内容或引导用户注意特定区域。例如，重要的提示信息可以通过增加阴影来吸引用户的注意，而次要信息则可以适当减少阴影效果，以避免干扰用户视线。阴影的深浅和方向也应根据界面的整体风格和光源设置来进行合理的调整，以保证视觉效果的自然和协调。

通过合理应用圆角和阴影设计手法，不仅可以提升界面的美观度，还能增强用户的视觉体验和操作舒适度，从而更好地服务于交互教学的目标。这种设计理念符合当前用户对界面美观和易用性的双重需求，能够有效地提高教学工具的使用效率和学习效果。教育技术产品的设计必须紧密围绕用户需求，结合美学元素和人性化设计原则，才能真正达到提高用户体验和学习效果的目的。

(三)体验美学在交互教学中的应用

在美学视野下，交互技术在教学领域中的应用日益受到重视。有效的交互教学设计不仅需要注重功能性，还需要融入美学元素，以提升用户体验和学习效果。下文将详细探讨如何在交互教学中，通过用户操作的反馈设计和适时的提示与指导，来增强用户的操作信心和学习效果。

在交互教学设计中，用户操作的反馈设计是提升用户体验和教学效果的关键因素。按钮点击后的视觉变化，如颜色变化、大小变化或动画效果，能够即时传达操作成功与否。这类反馈不仅能够增强用户的操作信心，还可以减少操作失误，提高学习效率。视觉反馈设计符合人类感知规律，有助于引导用户正确操作，提升整体交互体验。

在具体设计中，需要考虑用户的认知负荷，避免过于复杂或多余的视觉效果。例如，按钮点击后的颜色变化应简单明了，避免使用过多的色彩和复杂的变化，以免干扰用户的注意力。动画效果应在合理的时间内完成，不宜过长，以免影响用户的操作流畅性。通过精心设计的视觉反馈，可以有效地提高用户的参与度和满意度。美学视野下的交互设计不仅注重视觉效果，还需考虑用户的情感体验。按钮点击后的视觉变化应具有美感，符合用户的审美需求。美学设计能够提升用户的愉悦感，从而激发学习兴趣，增强学习动机。因此，在交互教学设计中，应将美学元素与功能性元素进行有机结合，创造出一个既美观又实用的学习环境。

在交互教学中，适时的提示和指导对于用户的操作信心和学习效果具有重要作用。通过设计友好的提示信息，如弹出窗口、文字提示或语音提示，用户可以及时获得操作指导，避免自己产生困惑或误操作。提示信息应简洁明了，避免冗长和复杂，以确保用户能够快速理解并执行操作。

提示和指导的频率与方式应根据用户的熟悉程度和操作复杂性进行调整。对于初学者，可以提供较为详细和频繁的提示；对于熟练用户，则可以减少提示频率，给予更多的自主操作空间。提示信息应具有一定的美感，例如使用柔和的色彩和简洁的图标，以提升用户的视觉体验和情感体验。通过适时的提示和指导，不仅可以增强用户的操作信心，还可以有效地提高学习效果。用户在获得及时反馈和指导的同时，会逐渐积累操作经验，提升学习自主性和操作熟练度。美学视野下的提示设计，不仅注重功能性，还需考虑用户的情感需求，创造出既高效又愉悦的学习体验。

三、美学视野下交互教学的动效设计与用户互动

（一）动效设计的美学原则

在动效设计中，简洁自然的原则至关重要。动效不仅是视觉上的装饰，更是提升用户体验的关键手段。通过简洁的视觉元素和自然的动画效果，动效可以有效传达信息，避免信息过载和认知负担。过度复杂和冗长的动画不仅会分散用户的注意力，还可能会导致操作的困惑和疲劳。因此，动效设计应遵循“少即是多”的理念，使用户能够在舒适的环境中高效地进行学习。

在动效的时间和节奏控制方面，合理的动画时间至关重要。适当的动画时间可以让用户感受到操作的流畅和连贯，而不过于冗长的动画则能避免用户在等待过程中产生焦躁的情绪。动效设计师应在设计过程中进行多次测试和调整，以找到最佳的动画时长和平滑度，从而增强用户的整体体验。良好的动效设计应在不牺牲用户体验的前提下，为用户提供必要的信息和操作提示。

动效设计还需要结合教育内容的特点和学生的使用习惯。例如，在教学视频中插入简洁的过渡动画，可以使知识点之间的衔接更加顺畅，而在交互式课件中使用简短的反馈动画，则能够及时引导学生的操作，提高学习效率。简洁自然的动效设计不仅是美学原则的体现，更是提高教学效果和用户满意度的关键因素。

在教学设计中，动效的功能指向性尤为重要。动效不仅是视觉上的装饰，更应具备明确的功能指向性，帮助用户理解和操作系统。例如，在交互式教学软件中，按钮的点击反馈、菜单的展开动画等，都应通过动效来明确地指示用户当前的操作状态和下一步的操作路径。这样的设计不仅能够提高用户的操作效率，还能减少因误操作而带来的困扰。

动效的功能指向性还体现在对用户注意力的引导上。通过适当的动效，可以将用户的注意力有效地引导到关键的操作区域或重要的信息点。例如，在在线学习平台中，当用户完成某个任务后，可以使用一个简短的动画来提示用户下一步的学习内容或操作建议。这种动效不仅能够增强用户的学习体验，还能提升用户

的操作流畅度和满意度。

为了实现动效的功能指向性，设计师需要深入地理解用户的使用场景和操作习惯，并结合教育内容的特点来进行设计。在动效设计过程中，可以通过用户测试和反馈来不断优化动效的表现形式和交互体验，从而确保动效能够在辅助用户操作方面发挥最大的作用。通过具备明确功能指向性的动效设计，可以有效提升用户的操作体验，增强学习效果。

（二）用户互动的美学体验

在美学视野下进行交互教学设计时，互动流程流畅性不仅影响学生的学习体验，还直接关系教学效果。设计者应重点关注用户操作的逻辑性和连贯性，避免复杂和冗长的操作路径。通过直观的界面设计和简洁的操作步骤，确保用户能够轻松完成各项互动任务。这样一来，学生在学习过程中能够专注于学习内容，而不是为烦琐的操作步骤所困扰，从而减少操作的中断感，提升整体的学习体验。此外，流畅的互动流程还需要兼顾不同用户群体的需求，包括不同年龄段、不同技术水平的学生。设计者应在设计初期进行详细的用户需求分析，确保设计方案能够覆盖广泛的用户群体。例如，在设计交互式教学软件时，可以通过提供多种操作方式（如触屏、鼠标、键盘等）来满足不同用户的操作习惯。设计者还应定期进行用户测试和反馈收集，根据用户反馈来不断优化互动流程，以使其能够更加符合用户的实际需求。

在交互教学设计中，即时的互动反馈是提升用户参与感和成就感的关键因素。即时反馈不仅可以帮助学生及时了解自己的学习情况，还能激发他们的学习兴趣和动力。设计者可以通过多种形式的反馈机制，如实时评分、动态提示、成就徽章等，来增强学生的参与感。例如，当学生完成某项任务或解答某个问题时，系统可以立即给予其正面反馈，如“恭喜你，回答正确！”或“你获得了新的成就徽章！”这类反馈不仅能够让学生感受到自己的进步，还能激发他们继续学习的热情。即时反馈的设计还应注重反馈内容的多样性和个性化。不同的学习任务和互动环节可能需要不同形式的反馈，设计者应根据具体情况选择合适的反馈方式。例如，对于复杂的学习任务，可以提供详细的步骤指导和错误解析；对于简单的互动任务，可以采用简洁明了的提示语。通过个性化的反馈设计，可以使每个学生都能够获得适合自己的学习支持，从而进一步提升他们的学习体验和成就感。即时反馈的有效性不仅依赖于反馈内容的设计，还依赖于反馈的时效性和准确性。设计者应确保反馈系统能够在用户操作后立即响应,避免反馈延迟导致用户体验下降。同时,反馈内容应准确反映用户的操作结果,避免误导用户。通过精细化和精准化的反馈设计,来增强用户的参与感和成就感,最终实现更高效的交互教学效果。

(三)动效设计与用户互动的结合

在现代教育技术的应用中,动效设计不仅是为了增强界面的视觉吸引力,更重要的是要与交互内容紧密结合,从而确保用户在操作过程中的互动连续性和一致性。通过精心设计的动效,可以有效地将用户的注意力引导到关键操作步骤上,减少因操作不当而产生的学习障碍。例如,在数学教学软件中,利用平滑的动画效果来展示几何图形的变化过程,可以帮助学生更直观地理解抽象的数学概念。动效设计在教育中的应用不仅增强了用户体验,还提高了教学内容的传达效果,促使学生在互动过程中保持较高的参与度和兴趣。

动效的设计应依托于教育理论和认知科学的研究成果,确保其不仅美观而且具备教育功能。在交互教学中,动效需要与教学目标和内容逻辑保持一致,避免过度装饰或无关的视觉效果干扰学生的学习。例如,在语言学习应用中,单词和句子的出现方式可以通过动效来进行调节,让学生能够在自然、流畅的动画过渡中逐步掌握新的知识点。通过这种方式,动效不仅成为教学内容的一部分,而且成为提升教育效果的重要工具。

动效设计在现代教育技术中的一个重要功能是引导用户操作,增强交互界面的可用性。通过动效,可以为用户提供即时的反馈,帮助他们理解自己在当前所处的操作步骤以及下一步的操作方向。例如,在编程教学平台中,当学生输入代码后,系统可以通过动效展示代码的运行结果或错误信息,使学生能够迅速理解和修正自己的错误。这样的设计不仅提高了界面的友好性,还增强了学生的学习效率和自主性。

在教学软件中,适当的动效还可以缓解学习过程中的紧张和疲劳感,提升用户的整体体验。通过动效引导用户的学习路径,可以在不打断学习进度的情况下,为用户提供必要的帮助和提示。例如,在多媒体学习系统中,利用动效提示下一步操作或提供额外的学习资源,可以帮助学生更顺利地完成学习任务。动效设计应始终以用户体验为中心,强调实用性和教育价值,确保用户在使用过程中能够获得流畅、愉悦的学习体验。

四、美学视野下交互教学中的文化元素融合

（一）文化元素在交互教学中的美学价值

交互教学设计中融入不同文化背景的元素，不仅能够提升教学内容的多样性，还能够促进学生对于异文化的了解和接纳。通过引入多元文化背景的元素，学生在学习过程中能够体验到不同文化的独特魅力，从而激发他们的学习兴趣和参与度。例如，在语言教学中，可以通过使用不同文化背景的故事、音乐、艺术作品等作为教学素材，能够使学生在感受美学价值的同时，增强对该文化的理解和认同。

现代教育技术的发展为文化元素的融合提供了更多的可能性。虚拟现实（VR）、增强现实（AR）等技术的应用，可以让学生身临其境地体验不同文化的环境和氛围，从而加深对文化元素的理解。这种沉浸式的交互设计，不仅能够提升教学效果，还能够培养学生的跨文化交际能力和全球视野。通过技术手段将文化元素融入教学，能够有效地丰富交互设计的多样性，为用户提供更为生动和直观的学习体验。

通过精心设计的文化元素，可以让学生在学习中不断发现和探索，从而使教学过程更加多样化和富有吸引力。文化元素的多元化不仅让学生们开阔了视野，还能在潜移默化中培养他们的包容心态和对多元文化的欣赏。

在交互教学设计中，文化元素的应用不仅能够丰富教学内容，还能够增强用户的认同感和亲切感。文化元素作为一种内在的情感纽带，能够唤起学生对自身文化的认同，也能够激发他们对其他文化的尊重和理解。例如，在设计本土化的教育软件时，可以通过界面设计、使用本地语言、融入当地文化符号等方式，使学生感受到浓厚的文化氛围，从而提高他们对学习平台的认同感和使用意愿。

文化元素的巧妙应用还可以增强教学内容的亲和力，使学生在学习过程中感受到被尊重和理解。通过在教学设计中融入学生熟悉的文化元素，能够有效地降低学习的陌生感和距离感，增强他们的学习动力和积极性。例如，在数学教学中，可以通过引入本地文化中的传统数学游戏或谜题，使学生在熟悉的文化背景中进行学习，从而提高他们对数学的兴趣和理解能力。通过对文化元素的应用，能够真正地实现教学内容与学生生活经验的有效连接，增强教育的实际效果。

文化元素的应用不仅是对学生文化认同感的尊重，也是对他们学习体验的优化。在一个充满亲切感的学习环境中，学生更容易投入和专注，从而可以获得更

佳的学习效果和成长体验。

通过融合不同文化背景的元素，交互设计不仅变得更加丰富和有趣，还能促进学生的文化理解和跨文化交际能力。而通过巧妙应用文化元素，还能增强学生对学习平台的认同感和亲切感，使他们能够在一个充满文化共鸣的环境中更积极地参与学习。这样的设计理念，不仅有助于提高教育质量，还能为学生提供更加全面和丰富的学习体验。

（二）文化元素的选择与应用

在美学视野下，在交互教学中融入文化元素不仅能够丰富教学内容，还能够培养学生的文化素养。文化元素的选择应紧密结合具体的教学内容。例如，在历史课中可以融入古代中国的青铜器图案、书法等，这些元素不仅能增强教学内容的历史厚重感，还能让学生在学习过程中感受到历史文化的美学魅力。在文学课中，加入唐诗宋词中的经典意象，能够帮助学生更直观地理解和感受文学作品的美学价值。在外语教学中，通过引入目标语言国家的节日、习俗、建筑等文化元素，可以让学生更好地理解语言背后的文化背景。这样的文化元素选择不仅能使教学内容更加生动，还能加深学生对自己所学内容的理解和记忆，从而实现教学目标。

在具体应用过程中，教师应遵循契合性、多样性和动态性原则。文化元素必须与教学内容紧密相关，避免生搬硬套。通过多种文化元素的组合使用，可以全面覆盖教学内容的各个层面，确保学生能够从多个角度理解和吸收知识。根据教学进度和学生的反馈，教师应灵活调整文化元素的使用，确保其能够有效促进教学目标的实现。这样的设计不仅能增强学生的学习兴趣，还能提高教学效果。

在现代教育技术中，界面设计是学生与教学内容交互的重要媒介。将文化符号融入界面设计，不仅可以增强视觉表现力，还能提升学生的学习体验。在教学软件的界面设计中，可以使用传统文化图案来作为背景或装饰，如中国传统的云纹、龙凤纹等，这些图案不仅美观，还能激发学生的文化自豪感。在按钮、图标等交互元素的设计中，也可以借鉴传统文化中的象征符号，如莲花、祥云等，使界面设计更具有文化内涵。这样的设计能够让学生在学习过程中感受到文化的熏陶，从而增强学习的趣味性和吸引力。

在界面设计中融入文化符号时，需要注意色彩的选择和搭配，遵循传统文化中的色彩美学规律，如中国传统的红、黄、蓝等色彩的使用。图案的选择应避免过于复杂或过度装饰，以免影响学生集中注意力。同时，在尊重传统文化的基础上，结合现代设计理念，创造出既有传统韵味又具现代感的界面设计，这样不仅能提升视觉表现力，还能更好地服务于教学目标的实现。这样的设计思路既能保留传统文化的精髓，又能适应现代教育技术的发展需求。

（三）文化元素与教学内容的融合

在现代教育中，将文化元素与教学内容有机融合不仅能够增强教学内容的吸引力，还能激发学生的学习兴趣和积极性。通过引入文化元素，教师可以将抽象的知识具体化，使之更加具有生动性和趣味性。例如，在历史课程中，通过展示与讲解相关的文化遗产和文物，学生能够更直观地理解历史发展的脉络与细节。在语文教学中，引入文学作品中的文化背景和风俗习惯，学生可以更深入地体会文字背后的情感和内涵。这种方法不仅限于传统学科，还可以在科学、数学等理工科课程中得到应用。例如，在科学教学中，通过讲述科学家们的文化背景、科学发现的历史背景等，可以让学生更加理解科学发展的历程及其文化意义。在数学教学中，可以通过介绍数学家们的故事和数学发展的文化背景，让学生了解到数学不仅是一门科学，更是一种文化积淀，从而增强学生对数学的兴趣和理解。

在教学过程中，通过引入文化元素，可以有效地提升学生的文化素养和审美能力。文化素养是学生综合素质的重要组成部分，而审美能力则是学生全面发展的重要方面。通过对文化元素的应用，学生能够在学习知识的同时，感受到文化的熏陶和美的体验。例如，在美术课程中，通过介绍不同文化背景下的艺术作品，学生能够感受到不同文化的美学特点，提升审美鉴赏能力。在音乐课程中，通过欣赏和学习不同文化背景下的音乐作品，学生可以感受到不同音乐风格的魅力，提升自己的音乐素养和审美能力。这不仅有助于培养学生的文化自觉和文化自信，还能通过了解和尊重其他文化，来形成开放包容的文化态度和全球视野。在全球化背景下，文化素养和审美能力的提升，对于学生未来的成长和发展具有重要意义。

将文化元素与教学内容有机结合，不仅可以增强教学内容的吸引力，还能够通过文化元素的应用，提升学生的文化素养和审美能力。这种教学方式有助于培养学生的全面发展，使之成为具有深厚文化底蕴和敏锐审美能力的现代公民。在全球化的今天，具备丰富的文化素养和审美能力的学生，将在未来的社会和职业生涯中具备更强的竞争力和适应能力。通过这种方式，不仅丰富了教学内容，也为学生的全面成长提奠定了坚实的基础。

第三节　美学视野下的交互技术教学应用

一、交互技术在课堂教学中的美学应用

(一)课堂教学中的交互技术设计

在现代课堂教学中,符合美学标准的互动白板界面不仅能吸引学生的注意力,还能增强师生间的互动体验。色彩搭配方面,宜选择柔和且对比度适中的颜色,避免过于鲜艳或单调,以减少视觉疲劳。界面布局应简洁明了,信息层次分明,确保学生能迅速地找到所需信息。图标设计要直观易懂,符合学生认知习惯,增强操作便捷性和互动趣味性。

互动白板界面还应具备一定的动态效果,以提升互动性和趣味性。动态效果需适度,避免过度复杂或频繁变化,以确保在提高吸引力的同时不分散学生的注意力。交互设计需考虑学生反馈机制,通过即时反馈功能,如实时批注、投票和讨论区等,增强学生参与感和课堂互动效果。通过这些美学设计原则,可以有效提升互动白板的使用体验,促进师生之间的深度互动。

教学软件在现代教育中扮演着越来越重要的角色,其视觉美学设计直接关系教学的直观性和趣味性。优化视觉美学的教学软件应注重界面简洁、操作便捷和视觉流畅。界面设计应避免过度复杂的信息展示,要保持简洁、清晰,突出重点内容。操作上则应注重用户体验,确保各功能模块易于查找和使用,减少学习成本。

在视觉美学的具体应用上,可以通过适当的动画效果和多媒体元素来增强课堂的直观性和趣味性。例如,利用动态图表和交互式地图可以直观地展示复杂的数据和地理信息,帮助学生更好地理解和记忆。多媒体元素如视频、音频和图片的合理嵌入,可以丰富教学内容,激发学生的学习兴趣,同时也能照顾到不同学习风格的学生需求。

通过美学设计优化的教学软件,不仅能够提高课堂教学的效果,还能为学生创造一个愉悦的学习环境,提升学生的学习体验和学习效果。这种结合视觉美学的教学技术应用,体现了现代教育技术与教学的创新融合,为未来的教育模式提供了新的思路和方法。

交互技术在课堂教学中的美学应用,不仅提升了教学工具的使用效果,还促

进了师生间的互动和增强了学生的学习兴趣。通过符合美学标准的互动白板界面设计和视觉美学优化的教学软件，未来的教育模式将更加注重用户体验和学习效果的提升，为教育技术的发展提供了新的方向。

(二)交互技术提升课堂教学的美学体验

多媒体交互技术的应用可以极大地丰富课堂教学内容，使教学过程更加生动形象。这些技术包括动画、视频、虚拟现实(VR)和增强现实(AR)等，能够将抽象的教学内容具体化和形象化。例如，在历史课程中，虚拟现实技术让学生可以“走进”历史场景，亲身体验历史事件的发生过程，这不仅增强了学习的趣味性，还使学生对历史知识有了更深刻的理解和记忆。通过这些技术，教师可以为学生提供多种信息呈现方式，满足不同学习风格的学生需求。视觉型学生可以通过视频和图片获取信息，听觉型学生可以通过音频和讲解获取知识，而动觉型学生则可以通过互动操作和模拟实验来进行学习。多媒体交互技术的多样化呈现方式能够有效地提高学生的学习效率和效果。

互动工具的美学设计在现代教育中具有重要作用，不仅可以提升课堂的视觉美感，还能激发学生的学习兴趣和参与积极性。美学设计包括界面的色彩搭配、图标设计、布局排版等，这些元素的合理运用能够创造一个愉悦和舒适的学习环境。例如，色彩丰富但不刺眼、图标简洁直观、布局合理有序的教学软件界面，可以吸引学生的注意力，提高他们的学习积极性。此外，互动工具的设计还应考虑到用户体验，确保操作简便、流畅，以便学生能够轻松地参与到学习活动中。通过游戏化设计，将教学内容嵌入游戏情境中，学生在游戏过程中既可以享受到乐趣，又能潜移默化地掌握知识。互动工具的美学设计不仅是为了美观，更重要的是通过美学手段达到教育目的，提升学生的学习体验和效果。

运用多媒体交互技术和互动工具的美学设计，可以极大地丰富教学内容的表现形式，并提升学生的学习兴趣和参与度。这些技术和设计手段为现代教育注入了新的活力和动力。在未来的教学实践中，应不断探索和实践这些技术与设计手段，以实现更高质量的教育目标。

(三)交互技术在课堂教学中的实践

1.互动白板

教师利用互动白板来进行教学，不仅优化了教学内容的呈现方式，还极大地丰富了课堂的视觉体验。通过互动白板,教师能够将文本、图像、视频等多媒体资源进行无缝整合,使得英语教学内容更加生动形象。这种多模态的信息传递方式,不仅吸引了学生的注意力,还提升了他们的学习兴趣和参与度。

互动白板的美学设计体现在其界面友好、操作便捷,以及功能的多样性。教师可以通过简单的触控操作,来快速切换不同的教学资源和工具,如标注、遮盖、放大等功能,使得教学过程更加流畅。尤其是在讲解复杂语法结构或文化背景知识时,互动白板可以通过动态展示和实时互动,帮助学生更直观地理解和掌握知识点。这种视听结合的教学方式,极大地提升了课堂的美感和教学效果。

互动白板还支持教师与学生之间进行互动操作。在课堂上,教师可以邀请学生上前操作白板,进行单词拼写、句子结构分析等活动。这种直接的互动体验,不仅增强了学生的参与感和成就感,还促进了师生之间的情感交流和互动。这种教学方式体现了现代教育技术与美学的完美结合,为英语课堂带来了全新的教学体验。

2.虚拟现实技术

某中学的英语课堂上,教师利用 VR 技术创建了虚拟的语言环境,使学生仿佛置身于英语国家的真实场景中。这种沉浸式的学习体验,不仅提升了学生的语言感知能力,还增强了他们的文化理解和跨文化交际能力。

VR 技术的美学效果体现在其高度的沉浸感和逼真的视觉呈现上。通过 VR 设备,学生可以在虚拟的英语国家街道上行走,与虚拟人物进行对话,参观博物馆、商场等场所。这种全方位的感官刺激,让学生能够在实际体验中学习语言,突破了传统课堂的空间限制,使得语言学习更加生动和具体。

虚拟现实技术还可以模拟真实的对话场景,帮助学生练习口语和听力。例如,学生可以在虚拟的咖啡馆中点餐,在虚拟的机场中办理登机手续等。这种真实的语言运用场景,不仅提高了学生的语言应用能力,还增强了他们的自信心和实践能力。在这种互动性和沉浸感极强的学习环境中,学生能够更自然地进行语言表达和交流。

交互技术在英语教学中的美学应用,不仅提升了课堂的视觉和互动体验,还极大地促进了学生的语言学习和综合素养发展。这种多元化的教学模式,为现代教育技术与美学的结合提供了新的思路和实践路径。互动白板和虚拟现实技术的成功应用,展示了科技与教育的深度融合,预示着未来课堂的无限可能。

二、交互技术在远程教育中的美学应用

(一)远程教育中的交互技术设计

在远程教育中,平台界面的设计不仅影响教学效果,更直接关系用户的学习体验。一个美观且易用的界面设计能够有效地减少学生在操作过程中产生的困惑,提高他们的学习效率。界面应当遵循简洁明了的设计原则,避免过多的装饰元素。合理的色彩搭配可以提升视觉舒适度,避免因长时间使用而造成的视觉疲劳。同时,字体的选择与大小也应符合人机工程学原理,确保文字易读,信息清晰传达。

交互设计在远程教育平台中尤为重要。通过人性化的交互设计,用户可以在短时间内熟悉平台的操作流程。直观的导航栏、清晰的菜单布置及友好的用户提示能极大地提升用户体验。交互动画的合理运用,不仅能增强视觉美感,还能让用户在操作时获得即时反馈,从而提高操作的愉悦感和满意度。考虑到远程教育的多样性,平台应具备高可定制化的特点,以适应不同学科、不同年龄段用户的需求。

视频会议系统作为远程教育的重要组成部分,其视觉效果直接影响着师生互动的质量和教学效果。优化视频会议系统的视觉效果,需要提高视频传输的清晰度和流畅度。高清的视频画质可以更清晰地传递教师的表情和动作,从而增强教学的真实感。良好的音视频同步性能够避免因延迟而造成的交流障碍,进而保证师生之间的实时互动。

在视觉设计方面,合理的布局设计有助于提高互动效果。分屏功能可以实现教师和学生同时在屏幕上的显示,便于教师及时关注学生的反应。虚拟背景和滤镜技术的应用,不仅增加了视觉的多样性,还能够在一定程度上保护用户的隐私。通过增强现实(AR)和虚拟现实(VR)技术,可以为远程教学增添更多的互动方式,如虚拟实验和仿真教学场景,进一步提升学习的沉浸感和参与度。

通过美学视野下的设计优化,可以大大提升远程教育平台的用户体验和教学效果,为现代教育技术的推广应用提供有力支持。一个美观且易用的界面设计结合优化的视频会议系统,能够为师生创造一个更加良好的远程教育环境,进而提高教学质量和学习效果。

(二)交互技术提升远程教育的美学体验

远程教育在现代社会中扮演着越来越重要的角色,而使用高清视频和高质量音频技术,可以极大地提升这种教育模式的沉浸感。高清晰度的视频传输让学生能够清楚地看到教师的表情和肢体动作,这种视觉上的细腻展现不仅加深了学生对教学内容的理解,也增加了课堂的真实感和亲切感。高质量的音频确保教师的声音传达清晰而富有层次,避免了因音质问题造成的听觉疲劳,使学生能够更专注地进行学习。通过音视频技术的结合,远程教育可以构建一个高度沉浸的学习环境,让学生仿佛置身于实体课堂中。从美学角度来看,高清和高音质的结合不仅是技术的进步,更是一种教育体验的优化。视觉和听觉是人类感知世界的重要途径,通过技术手段来提升这两方面的体验,可以使远程教育变得更具艺术性和吸引力。优质的视频和音频传输将教育内容打造成了一场视听盛宴,激发学生的学习兴趣和热情,使他们更主动地参与到学习过程中去。高清影像和高质音频不仅提高了信息传递的效率,还通过美学体验增强了情感共鸣,进一步促进了学生的学习效果。

实时互动工具的应用是现代远程教育的重要组成部分。通过这些工具,学生和教师可以进行实时的交流与互动,打破了时间和空间的限制。比如,实时聊天、在线投票、虚拟白板等工具,可以让学生在上课过程中随时提问、表达意见、参与讨论。实时互动不仅能够及时地解决学生的疑问,还能调动他们的学习积极性,使得课堂气氛更加活跃和生动。从美学视角来看,实时互动工具赋予了远程教育更多的表现力和参与感。互动工具的多样性和功能的丰富性,能够创造出一种动态的、富有节奏感的教学氛围,让学生在参与过程中得到情感和智力上的双重满足。互动过程中的即时反馈和情感交流,使得教学活动不再是单向的信息传递,而是多元的、立体的交流。这种互动性和参与感,不仅提升了教学效果,还使得远程教育具有了一种艺术化的魅力,学生在这种美学体验中能够感受到学习的乐趣和成就感。

通过音视频技术和实时互动工具的有效结合,远程教育不仅能提供高效的知识传递,还能营造出一种身临其境的学习环境和充满活力的互动氛围。这种双重体验的提升,使得远程教育在未来的发展中,必将成为一种更具吸引力和实用性的教育模式。

三、交互技术在艺术教育中的美学应用

(一)艺术教育中的交互技术设计

在当今的艺术教育中,对于交互界面的设计不仅关注的是功能和易用性,还需要追求卓越的美学价值。设计符合艺术审美的交互界面,可以极大地提升艺术教学的视觉体验。通过引入精美的设计元素,如色彩、排版、图形等,学生在学习过程中可以享受视觉上的愉悦。这些协调的视觉元素不仅能激发学生的学习兴趣,还能促进他们的创造力。在精心设计的交互界面中,学生能够感受到一种独特的艺术氛围,这种氛围有助于他们更好地理解和欣赏艺术作品。因此,交互界面的美学设计在艺术教育中扮演着不可或缺的角色,它不仅是在技术层面的需求,更是艺术上的追求。

在设计交互界面的过程中,必须充分考虑不同艺术形式的独特特点。例如,在展示绘画作品时,使用柔和的色调和简洁的界面布局,可以突出作品的美感。而在展示现代艺术作品时,运用大胆的色彩和动态效果,则能增强视觉冲击力。交互界面的设计还应重视用户体验,确保学生在学习过程中能够方便地操作和导航。通过将美学与功能性设计相结合,交互界面可以成为艺术教学的重要辅助工具,帮助学生更深入地理解和欣赏艺术作品。

虚拟现实技术在艺术教育中的应用,为学生提供了全新的观赏体验。通过虚拟现实技术,学生可以身临其境地欣赏艺术作品,感受到作品的真实质感和细节。传统的艺术观赏方式往往会受限于空间和时间,而虚拟现实技术则打破了这些限制,为学生提供了更加灵活和丰富的观赏方式。在虚拟环境中,学生可以自由地进行移动和互动,探索艺术作品的每一个细节,从而获得更全面的理解和感受。

在虚拟现实环境中,艺术作品不是平面的图像,而是可以被学生触摸、感受和互动的立体存在。这种沉浸式的观赏体验,有助于学生更好地理解艺术作品的创作背景和艺术家所要表达的情感。通过虚拟现实技术,学生可以进入艺术家的创作空间中去,看到作品的创作过程和细节,甚至可以与虚拟的艺术家进行互动。这种全新的观赏方式,不仅提升了艺术教育的效果,还激发了学生的学习兴趣和创作欲望。

(二)交互技术提升艺术教育的美学体验

现代教育技术的飞速发展为艺术教育提供了丰富的交互工具，这些工具不仅可以提升学生的艺术创作能力，还能促进学生之间的交流与合作。例如，数字绘画软件和3D建模工具可以让学生在虚拟环境中进行创作，无须担心现实材料的限制。这些工具还支持多用户同时操作，学生可以在同一平台上共同创作，与同学分享彼此的创意和灵感，真正实现艺术教育中的互动与合作。

互动工具不仅在技术层面上支持艺术创作，还在美学层面上提供了更多的可能性。通过这些工具，学生可以尝试不同的艺术风格和表现手法，从而拓宽他们的艺术视野。例如，利用增强现实(AR)和虚拟现实(VR)技术，学生可以在虚拟空间中体验不同的艺术作品，甚至可以与这些作品进行互动，从而使自己获得更深层次的美学体验。这种沉浸式的艺术体验不仅激发了学生的创作热情，还培养了他们的审美能力和艺术鉴赏力。

虚拟画廊和在线展览平台的引入，为艺术教育开辟了新的展示和交流的渠道。这些平台可以打破时间和空间的限制，让学生的作品得以在全球范围内进行展示，从而获得更多的关注和反馈。例如，学生可以通过虚拟画廊展示他们的数字绘画、摄影作品或3D模型，让更多的人欣赏和评价他们的创作。这不仅提升了学生的自信心，也为他们提供了宝贵的改进建议。

在线展览平台还可以通过互动功能来增强观众的参与感。观众可以通过虚拟现实设备来身临其境地参观展览，甚至可以与艺术作品进行互动，了解作品的创作背景和艺术理念。这种沉浸式的体验不仅提高了观众的参与度，也丰富了艺术教育的表现形式。此外，在线展览平台还可以通过数据分析工具，来帮助教育者了解观众的反馈和兴趣点，从而更好地设计和优化艺术教育课程。

交互技术在艺术教育中的美学应用，不仅为学生提供了更多创作和交流的机会，还丰富了艺术教育的表现形式和教学手段。这些技术工具提升了学生的艺术体验和审美能力，为现代艺术教育注入了新的活力。

(三)交互技术在艺术教育中的实践

在美术课堂中，通过引入虚拟现实技术来进行作品展示，不仅革新了传统的教学方式，还赋予了美学教育全新的视角。学生通过虚拟现实技术，能够身临其境地感受艺术作品的细节与空间氛围。这种沉浸式体验大大提升了学生对艺术作品进行理解和欣赏的能力。教师可以利用虚拟现实技术展示世界名作或学生自己的作品,学生在虚拟空间中自由探索,感受作品的立体感和层次感,远比传统的二维展示更加具有冲击力。

虚拟现实技术还能够显著增强学生的创造性表达。在虚拟环境中,学生可以尝试不同的创作手法和艺术形式,甚至可以虚拟重现历史上经典的创作过程,亲身参与其中,体验创作的乐趣和挑战。这种互动性极强的教学方法不仅激发了学生的创造力,还培养了他们对艺术创作的热情和兴趣。虚拟现实技术的应用,使得艺术教育更加包容和多样化。不同背景和文化的学生可以通过虚拟现实技术共同欣赏和讨论艺术作品,跨越时空的限制,促进不同文化之间的交流与理解。

利用交互式音乐平台进行音乐创作教学,则为学生提供了一个全新的创作空间。通过这种平台,学生可以实时操作和调整音乐元素,如节奏、旋律、和声等,直观地感受到音乐的变化和效果。互动性使音乐创作过程变得更加直观和生动,学生在操作中能够更好地理解音乐理论和创作技巧。交互式音乐平台不仅提高了教师的教学效率,还增强了学生的参与感和成就感。学生可以通过平台来进行即时反馈和调整,快速验证自己的创作想法,并逐步完善作品。

这种即时互动的创作方式能够激发学生的音乐灵感,鼓励他们大胆尝试和创新,提升了他们的音乐创作能力和艺术表现力。利用交互式音乐平台进行教学,还能够促进学生之间的协作和交流。学生可以在平台上共同创作和分享作品,互相学习和借鉴。教师可以通过平台进行实时指导和点评,帮助学生发现和解决问题,为学生提供个性化的教学支持。这种协作式的学习环境不仅有助于学生音乐素养的提升,还培养了他们的团队合作精神和沟通能力。

技术的进步为艺术教育带来了新的可能性。通过虚拟现实技术和交互式音乐平台,学生不仅提高了艺术技能,还培养了对艺术美学的深刻理解和欣赏能力。这种技术与美学的融合,为现代艺术教育提供了新的可能性,推动了教学的创新与发展。新技术的应用不仅提升了教学效果,还为学生提供了一个多元化的学习平台,使艺术教育变得更加生动有趣。

四、交互技术在职业教育中的美学应用

(一)职业教育中的交互技术设计

符合职业技能培训需求的交互界面,不仅能提升学员的学习兴趣,还能显著

提高学员的学习效果。明确职业技能培训的目标和任务是设计的首要步骤，这样可以确保界面的每一部分都能服务于这些目标。用户体验是界面设计的核心，直观的导航和操作方式可以减少学员学习的难度。通过色彩、图形和布局的美学设计，使界面更具吸引力，从而增强学员的参与感和激发学员的学习动力。

为了进一步提高学习效果，交互界面应具备反馈机制。实时反馈可以帮助学员及时了解自己的学习进度和存在的问题，从而进行针对性的调整和改进。界面设计还应支持个性化学习路径，根据学员的不同水平和学习习惯提供定制化的学习内容。这不仅能有效地提高学习效率，还能满足不同学员的需求，使学习过程更加灵活和自主。合理地运用多媒体元素也是提高学习效果的关键，通过视频、动画、音频等多种形式的呈现，使抽象的知识变得具体、生动，以此来帮助学员更好理解和掌握。

在职业教育中，虚拟现实（VR）和增强现实（AR）技术的应用为实训教学带来了革命性的变化。VR 技术能够模拟真实的职业场景，使学员在虚拟环境中进行实际操作，提供高度逼真的沉浸式体验。这种体验不仅提高了学员的操作技能，还增强了他们的空间感知能力和应变能力。AR 技术则可以将虚拟信息叠加在真实环境中，使学员能够在实际工作场景中获得额外的信息支持。例如，在机械维修培训中，AR 技术可以在设备上叠加显示操作步骤和注意事项，帮助学员在实际操作中更准确地完成任务。

VR 和 AR 技术还具有高度的可重复性和安全性。学员可以在虚拟环境中反复练习，直到熟练掌握技能，而不必担心设备损坏或安全事故的发生。这不仅节省了实训成本，还提高了学习效率和安全性。这些技术的应用为教师提供了更多的教学手段和评估工具，使职业教育更加科学化和系统化。通过 VR 和 AR 技术的结合，职业教育不仅提升了实训效果，还为创新教学模式提供了广阔的空间。

（二）交互技术提升职业教育的美学体验

职业教育的核心目标是培养具备实际操作能力和职业素养的人才。交互技术，尤其是互动工具，可以有效地提供真实的职业技能训练环境。虚拟现实（VR）技术能够模拟实际工作场景，使学生在安全、可控的环境中进行操作练习。这既提升了学生的实际操作能力，又减少了学生在学习中的风险和成本。互动工具通过即时反馈和评估，来帮助学生及时发现和纠正错误，进而提高学习效果。这种沉浸式的学习体验增强了学生的动手能力和问题解决能力，满足了职业教育对实践性高要求。例如，建筑专业的学生可以通过 VR 技术在虚拟工地进行实际操作，体验从设计到施工的全过程，掌握各个环节的技能。

互动工具的使用还可以增加学习的趣味性和参与度。游戏化设计让学生在学习过程中能够保持较高的兴趣和动机。互动工具能够模拟各种复杂的职业场景，让学生在虚拟环境中进行反复练习，逐步掌握技能。这不仅提高了学习效率，还培养了学生的自主学习能力和创新思维。比如，在医疗培训中，模拟手术操作的互动工具可以让学生在虚拟环境中进行多次练习，积累经验，逐步提升自己的操作技能和应对突发情况的能力。

一个具有美学设计的职业教育平台，不仅可以提升视觉吸引力，还能增强用户体验。美学设计在界面布局、色彩搭配、字体选择等方面的应用，使平台更加直观、易用，减轻了学生的心理负担和操作难度。例如，使用温暖的色调和柔和的过渡效果，可以营造舒适的学习氛围，以此来提高学生的学习积极性和注意力集中度。通过合理的美学设计，职业教育平台可以打造一个吸引人的学习环境，以此来激发学生的学习兴趣。

美学设计通过视觉引导，帮助学生更好地理解和掌握学习内容。图示、动画和视频等多媒体手段可以直观地展示复杂的操作步骤和原理，使学生更容易进行理解和记忆。注重细节和用户体验的美学设计，通过优化交互流程和界面布局，提高学生的操作效率和满意度。例如，在汽车维修课程中，通过动画演示引擎拆装步骤，使学生能够清晰地看到每一个细节，大大提高了学习效果。

交互技术在职业教育中的美学应用，不仅提升了教学的实效性和趣味性，还通过美学设计增强了平台的视觉吸引力和用户体验。这有助于培养具有实际操作能力和创新思维的高素质职业人才，推动职业教育的现代化和高质量发展。通过这些创新的教育手段，学生不仅能够掌握扎实的专业技能，还能够在不断变化的职业环境中保持自身的竞争力。

(三)交互技术在职业教育中的实践

虚拟现实技术在职业培训课程中的应用，不仅提升了教学的互动性和实用性，也引入了美学设计的要素，增强了学习体验的视觉和感官效果。在职业培训课程中，虚拟现实技术被用于模拟真实的工作环境，使学员能够身临其境地进行操作和练习。通过对虚拟场景的精心设计，确保了环境的逼真度和美感，例如在建筑施工培训中，细致地再现了施工现场的每一个细节，从建筑材料的质感到光影效果，都力求达到真实与美观的统一。

这种美学设计不仅提升了学员的学习兴趣，还增强了他们的职业认同感。虚拟现实技术通过视觉和听觉的多重感官刺激，使学员在沉浸式的环境中进行技能训练，极大地提高了学习效果。美学设计的应用，使得虚拟场景不再是单纯的技术展示，而是成为一种艺术享受，学员在学习过程中不仅获得了技能，还体验到了美的熏陶和感染。

虚拟现实技术的美学设计还能够激发学员的创造力和想象力。在虚拟环境中，学员可以自由探索不同的场景和任务，通过与虚拟对象的互动，逐步掌握复杂的操作技能。这种自主探索的学习方式，结合美学设计的视觉冲击，使得学员在潜移默化中提高了对美的敏感度和鉴赏力，从而为自己今后的职业发展打下坚实的基础。

增强现实技术在建筑设计教学中的应用，为学生提供了一个高度互动和视觉化的学习平台，使得复杂的建筑设计理念和结构能够以直观的方式呈现。在建筑设计课程中，增强现实技术通过将虚拟的建筑模型叠加在真实的环境中，使学生可以在实际场景中观察和互动。这种技术不仅提高了教学的直观性和趣味性，还通过美学设计的原则，使得虚拟和现实的结合能够更加和谐和美观。

在具体的教学过程中，增强现实技术的应用使得学生能够实时观察建筑设计的效果，如建筑物的外观、内部结构、材质和光影变化等。通过对这些元素的美学设计，增强现实技术不仅展示了建筑的功能性，还突出了建筑的美感和艺术性。学生在这种环境中进行学习，能够更好地理解建筑设计的美学原则和实践方法，从而提高他们的设计能力和审美水平。

增强现实技术的美学应用，还体现在对建筑设计历史和风格的教学中。通过增强现实技术，学生可以在现实环境中体验不同历史时期和风格的建筑设计，观察其独特的美学特征和技术细节。这种沉浸式的学习方式，使学生能够在互动中加深对建筑美学的理解，并在设计实践中灵活运用，创造出既符合功能需求又具有美学价值的建筑作品。

虚拟现实和增强现实技术在职业教育中的美学应用，不仅提升了教学效果，还通过美学设计的融入，使学习过程能够更加丰富和有趣，为学生提供了全新的学习体验和美学熏陶。这种技术与艺术的结合，为职业教育开辟了新的路径，预示着未来教育模式的多样化和创新性。

第五章　美学视野下的现代教育教学模式

第一节　美学视野下的翻转课堂教学模式

一、翻转课堂的美学基础

(一)美学理论在翻转课堂中的应用

美学理论在教育中的重要性日益显现,特别是在翻转课堂模式下的具体应用具有深远意义。随着现代教学模式的多样化和技术的进步,翻转课堂这种创新方法正在颠覆传统教学模式。翻转课堂通过将知识传授的环节放在课前,将课堂时间用于师生互动和问题解决,极大地提升了学生的学习兴趣和主动性。在这一背景下,美学理论的应用变得尤为重要。美学理论不仅能够为教学内容的设计提供新的视角,还能为教学形式的多样化提供理论支撑。通过美学理论的指导,教育者可以更好地理解和运用视觉艺术、音乐和戏剧等元素来丰富教学内容,使知识传递更加生动和具象化,从而增强学生的认知体验和情感共鸣。

美学理论在教学设计和课堂活动中的作用不可忽视。教学材料和环境的美学价值对学习过程有着重要影响。通过精心设计的课件、教具和教室布置,可以营造出一个富有美感的学习空间,这不仅能激发学生的学习兴趣,还能营造出积极的学习氛围。在美学理论指导下的教学设计注重感官体验,通过视觉、听觉和触觉等多维度的感官刺激,使学生能够在沉浸式的学习环境中更好地理解和掌握知识。在翻转课堂中,教师可以通过精心制作的视频、音频和动画等多媒体资源,使抽象的知识变得具体可感,从而提升自己的教学效果。美学理论还强调互动和参与的重要性,通过戏剧表演、音乐欣赏和艺术创作等活动,学生不仅能加深对知识的理解,还能培养自己的创造力和批判性思维。

视觉和听觉是人类感知世界的重要途径,美学理论在创建视觉和听觉吸引力中扮演着关键角色。在翻转课堂模式下,教师需要利用各种多媒体资源来吸引学生的注意力和兴趣。美学理论提供了设计和选择这些资源的指导原则。例如,在视觉设计方面,色彩的搭配、图像的选择和版面的布局都需要符合美学原则,以确保教学材料的视觉吸引力和信息传达的有效性。在听觉设计方面，背景音乐、音效和语音的选择同样需要符合美学标准，以增强听觉体验和情感共鸣。通过美学理论的指导，教师可以创造出富有视觉和听觉吸引力的教学内容，使学生在愉悦的学习环境中更好地吸收和理解知识，进而达到事半功倍的教学效果。

美学理论在现代教育中的应用不仅丰富了教学内容和形式，还提升了教学效果和学生的学习体验。特别是在翻转课堂这种创新教学模式下，美学理论为教学设计和课堂活动提供了宝贵的指导，使得知识传递更加生动、具体和具象化。通过合理地运用美学理论，教育者能够创建出既有视觉和听觉吸引力又富有教育意义的学习环境，从而实现更高效、更愉悦的教学目标。

（二）美学标准与翻转课堂的融合

在现代教育中，翻转课堂作为一种创新的教学模式，越来越受到广泛关注。美学标准在翻转课堂中的应用，尤其体现在色彩搭配和布局设计上。色彩搭配不仅能影响学生的情绪和注意力，还能增强课堂的视觉吸引力。研究表明，不同颜色对人的心理和生理有不同的影响。例如，蓝色和绿色能够令人感到平静和专注，适用于需要长时间集中注意力的学习环境；而黄色和橙色则具有激发活力和创造力的作用，适用于激发学生参与和互动的环节。在翻转课堂中，通过合理地选择和搭配颜色，可以营造出适合不同教学环节的学习氛围，从而提高学生的学习效果。

布局设计是美学标准在翻转课堂中另一个重要的应用方面。一个好的布局设计不仅能使学习内容更加易于理解，还能促进师生之间的互动。在翻转课堂的教学视频中，屏幕布局应简洁明了，关键内容突出显示，以便学生能够快速抓住重点。教学平台的界面设计应当考虑用户体验，确保操作简便、导航清晰，让学生能够轻松找到需要的学习资源。此外，学习空间的物理布局也需要美学化设计，如合理的座位安排和设备摆放，可以促进小组讨论和合作学习。

美学标准与翻转课堂的教学目标相结合，可以显著优化学生的学习体验。翻转课堂的核心目标是促进学生的自主学习和深度理解，而美学标准的应用可以为这一目标提供有力支持。通过美学化的教学视频和课件设计，学生可以在观看过程中获得愉悦的视觉体验，从而提高自己的学习兴趣、增强注意力。美学设计还能帮助学生更好地理解和记忆学习内容。例如，使用图文并茂的方式展示知识点，通过色彩和图形的对比，突出重点和难点，帮助学生快速抓住关键信息。

美学标准还能增强学习过程的互动性和参与感。一个美学化设计的学习平台，可以通过色彩、布局和动画等元素，增强学生对操作和互动的兴趣。例如，在讨论区和作业提交界面中，使用温暖的色调和友好的界面设计，可以减轻学生的心理压力，鼓励他们积极参与讨论和反馈。通过这种方式，美学标准不仅提升了学习环境的吸引力，还促进了学生的积极参与和深度学习。

在某高中数学教师制作的教学视频中，采用了蓝绿色为主色调的背景，以营造平静且专注的学习氛围。视频中每个知识点的展示都使用了不同颜色的标注，以便学生能够在观看时一目了然地分辨出各个重点内容。视频的布局设计简洁明了，左侧是教师讲解的内容，右侧则是相关的图示和公式，通过色彩和位置的对比，使学生能够轻松地跟随教师的讲解来进行学习。

在课堂互动环节，该教师设计了一个美学化的在线讨论平台。平台使用了温暖的橙黄色调，界面友好直观，学生可以轻松地在平台上提问和交流。每个学生的提问和回答都使用不同颜色的标签进行分类，方便其他学生进行浏览和参与。这种设计不仅提升了学生的参与感，还促进了师生之间的互动。在这种美学标准与教学内容深度融合的环境中，学生的学习兴趣和学习效果显著提高，教师也能更好地实现教学目标。

在翻转课堂中，通过色彩搭配和布局设计，能够优化学生的学习体验，增强他们的学习兴趣和效果。合理运用美学标准，不仅可以提升课堂的视觉吸引力，还能促进师生进行互动，最终实现更好的教学效果。

（三）翻转课堂美学设计的基本原则

在翻转课堂的设计中，遵循美学原则（如和谐、对称和平衡）是至关重要的。和谐原则强调课堂元素的协调统一，使教学内容和形式相互补充，相得益彰。例如，在视频内容的制作中，可以通过色彩的统一、画面的协调和声音的和谐来提升整体感受。对称原则则关注视觉上的平衡，通过对称的布局和结构设计，给学生一种秩序井然的视觉体验，从而减轻认知负担，提高信息吸收效率。平衡原则则更强调各个教学环节之间的合理分配，使得学生在自主学习和课堂互动之间能够找到适合自己的学习节奏。

这些美学原则不仅是为了美观，更是为了提升学生的学习兴趣和参与度。和谐的设计能够使学生在一个舒适的环境中学习，减少视觉和听觉上的干扰，从而更专注于学习内容。对称和平衡的设计可以帮助学生更快地适应课堂结构，减少因不熟悉而产生的焦虑感，从而增加他们的参与度。此外，美学设计还能够激发学生的审美情趣，使他们在潜移默化中提升自己的艺术修养和审美能力，从而在学习过程中获得更深层次的满足感。

为了在翻转课堂中实现美学与功能性的平衡，可以采取以下几个具体策略。在制作教学视频时，应注重色彩搭配和画面布局，避免过于花哨但也要保持视觉上的吸引力。在设计课堂互动环节时，可以使用对称布局，如将讨论区和展示区对称安排，使学生在视觉上感到平衡和舒适。在教学内容的组织上，应遵循逻辑一致性和连贯性，避免内容跳跃和断裂，从而保持和谐的学习进程。教师还可以通过反馈机制来及时了解学生对美学设计的感受和建议，从而进行持续优化和改进。

通过结合美学原则与教学设计，不仅能够提升翻转课堂的美学品质，还能够增强其功能性，使学生可以在一个既美观又高效的环境中学习。这样一来，不仅能够提升学生的学习体验和参与度，还能够在教学过程中达到最佳的学习效果。美学与功能性的结合将使翻转课堂更加有效地发挥其潜力，为学生创造一个理想的学习环境。

二、翻转课堂中学生主体性的美学体现

（一）学生主体性与美学教育的关系

通过美学教育，学生能够在学习过程中体验到美的愉悦和创造的乐趣，从而激发其学习兴趣和主动性。美学教育不仅关注学生对知识的理解，还重视对学生情感、态度和价值观的培养。这种多维度的教育方式能够促使学生从被动接受知识的状态转变为主动探索与创造。在美学教育的引导下，学生在翻转课堂中可以通过自主选择学习内容、设计学习路径和评估学习成果来充分发挥个体的主体性，进而增强自主学习能力。

在翻转课堂中，美学教育还可以通过丰富的教学资源和美学活动来激发学生的创造力和想象力。例如，教师可以利用多媒体技术来展示艺术作品、音乐和电影片段，激发学生的艺术感知和审美体验。通过这些美学元素的引入，学生能够在学习过程中体验到不同文化和艺术形式的美感，从而增加学习的趣味性和多样性。教师可以引导学生进行美学创作，如绘画、音乐创作或舞蹈，鼓励学生表达自己的情感和思想。这种美学创作不仅能够培养学生的艺术素养，还能够提高其解决问题的能力和创新思维。

学生在美学设计中的参与度直接影响其学习效果。在翻转课堂中，美学设计

不只是教师的任务，学生的参与同样至关重要。通过积极参与美学设计，学生能够更好地理解和掌握学习内容，并在过程中培养自主学习的能力。例如，学生可以通过参与课堂环境的布置、学习资源的选择和课后活动的设计来增强自己对学习过程的掌控感。在这一过程中，学生不仅学习到了知识，还培养了组织、合作和领导能力，从而提升整体学习效果。

美学设计的参与度还可以通过学生对学习材料的个性化定制来体现。学生可以根据自己的兴趣和需求来选择和设计符合自己审美标准的学习材料和方式。例如，学生可以通过制作多媒体演示、设计学习手册或创建学习博客等方式，将美学元素融入学习过程中。这种个性化的学习体验能够增加学生对学习材料的认同感和兴趣，从而提高学习效果。在设计过程中，学生需要不断进行反思和调整，从而培养自己的批判性思维和自我评估能力。这些能力不仅有助于提升当前的学习效果，还能够为学生未来的持续学习和发展打下坚实的基础。

（二）美学视角下学生主动学习的激发

在现代教育技术与教学中，美学设计不仅仅是外在的装饰，更是一种能够深入影响学生学习动机和兴趣的关键因素。美学设计通过对色彩、形状、布局等元素的巧妙运用，能够创造出一个既视觉吸引又功能完善的学习环境，从而激发学生主动学习的兴趣。例如，教学资源的美学优化可以通过使用高质量的图片、图表和视频，配合合适的字体和排版，使得学习材料更具吸引力和易读性。这种视觉美感不仅能够提升学生的注意力，还能促使他们在愉悦的氛围中进行更加深入的学习。

美学设计还可以通过创造性元素的引入来激发学生的创造力。在设计学习活动时，教师可以运用美学原理来设计一些需要学生主动参与和创造的任务，如项目式学习、艺术创作和设计思维等。这些活动不仅要求学生运用已有知识，还需要他们发挥创造力和想象力，从而在实践中不断提升自己的能力。通过美学设计，学习活动本身会变得更具吸引力和挑战性，使学生在解决问题和完成任务的过程中，体验到成就感和满足感，进而激发他们持续学习的动力。

在翻转课堂教学模式中，学生在课前通过观看视频、阅读资料等方式进行自主学习，课堂上则通过讨论、实验和项目等活动进行深入探讨和实践。在这一过程中，美学设计可以通过多种方式来激发学生的主动学习兴趣和创造力。教师可以在制作课前视频时注重美学元素的应用，例如使用高质量的视频剪辑软件，结合适当的背景音乐和视觉特效，以使学习内容能够更加生动和有趣。视频中的图像和动画可以帮助学生更好地理解复杂的概念和原理，从而提高他们的学习效率和兴趣。

在课堂活动设计中，美学设计同样发挥着重要作用。教师可以布置一个美观且功能齐全的学习环境，例如使用色彩鲜明的教室布置，配合适当的灯光和装饰，使学生在视觉上感到愉悦和放松。这样一个美学化的学习空间能够提高学生的参与度和互动性，使他们更愿意主动参加课堂讨论和活动。教师还可以设计一些具有美学元素的学习工具和材料，如图文并茂的工作表、富有创意的实验器材等，通过这些美学化的工具和材料，可以使学生在使用过程中感受到学习的乐趣和成就感，从而激发他们主动学习的热情。

通过美学设计在翻转课堂中的巧妙应用，能够有效地激发学生主动学习的兴趣和创造力，使得教学过程更加生动、有趣且富有成效。这不仅有助于学生更好地掌握知识和技能，还能培养他们的审美能力和创新思维，为他们未来的全面发展打下坚实的基础。

（三）学生主体性在翻转课堂中的美学表现

翻转课堂作为一种新型教学模式，极大地强调了学生在学习过程中的主体地位，使学生主体性得到了充分的发挥。在这种教学模式中，学生的主体性可以通过自主选题得到充分体现。自主选题不仅让学生能够根据个人兴趣和需求选择学习内容，还大大培养了他们的自主学习能力和责任感。学生通过选择自己感兴趣的主题，更容易投入学习中，同时也能更好地理解和掌握知识。自主选题同时鼓励学生独立思考和自主决策，增强了他们的学习积极性和参与度。

项目设计是另一种学生主体性的具体表现形式。在翻转课堂中，学生通过项目设计来结合实际问题，进行自主探究和创新。项目设计不仅能培养学生解决问题的能力，还能强化他们的团队合作精神。学生在设计和实施项目的过程中，需要与同学合作，分享资源和信息，这不仅提高了学生的学习兴趣和参与度，还促进了他们的综合素质发展。通过项目设计，学生能够将理论知识应用于实际问题之中，从而更好地理解和掌握知识。

美学设计在翻转课堂中起到了重要的支持和增强作用。通过美学设计，教师能够创造一个富有吸引力和激励性的学习环境，为学生的自主选题和项目设计提供良好的氛围。视觉美学设计如色彩搭配、图像运用和界面设计，可以大大提升课堂的视觉吸引力，从而激发学生的学习兴趣和动力。音效和背景音乐的选择也能够烘托课堂的情感氛围，进一步激发学生的创造力和想象力。美学设计不仅是对课堂外部环境的优化，还包括对学习资源的美学加工，如通过美观的多媒体材料和互动式学习工具来提升学生的学习体验和效果。

美学设计还可以通过情景化和故事化的方式，来增强学生在项目设计中的沉浸感和参与感。教师可以设计具有美学价值的情景案例和故事背景，使学生在解决实际问题时能够感受到美的体验，从而激发他们的学习动力和创造力。通过这种方式，学生不仅能够更好地理解和掌握知识，还能培养其美学素养和审美能力。美学设计在多层次上对学生的学习过程进行支持，不仅提升了学生的学习效果，还促进了他们的全面发展。

翻转课堂中，学生通过自主选题和项目设计等具体表现形式，以及美学设计的支持和增强，能够显著提升自己的学习效果。美学设计优化了学习环境和资源，通过情景化、故事化等方式激发了学生的学习兴趣和创造力，为现代教育技术与教学模式的创新提供了有力的支持。通过这种综合性的方法，教育不仅变得更加有效，还变得更加有趣和具有吸引力。

三、翻转课堂中教学资源的美学整合

(一)教学资源选择的美学标准

1.视觉吸引力

教学资源的设计应当具备视觉上的美感，能够吸引学生的注意力。这不仅包括色彩的搭配，还涉及页面布局的合理性、图像与文字的协调性等。一个具备高视觉吸引力的教学资源能够提升学生的学习体验，使其更愿意投入到学习中。

2.易用性

教学资源应当具备良好的用户界面设计，使学生可以轻松地进行导航和使用。易用性不仅体现在界面的直观设计上，还包括资源加载速度的优化、操作步骤的简化等方面。资源的易用性直接影响学生的学习效率和学习体验，应当在资源选择中对其予以高度重视。

3.教学资源的内容质量

优质的教学资源应具备准确性、权威性和科学性，确保所传递的知识是正确且有价值的。资源应当具备互动性，能够通过各种互动环节来增强学生的参与感和学习效果。通过多媒体技术，如视频、动画和音频等，资源可以更加生动地呈现教学内容，提升学生的学习兴趣。

在具体的资源选择策略上，可以通过以下几个步骤来确保资源的美学与教学效果能够兼顾。建立资源选择的评估标准，包括视觉、易用性、内容质量等维度；通过教师和学生的反馈，不断优化资源选择的标准和流程；定期更新和升级教学资源，确保其能够与时俱进，符合最新的教育技术和美学趋势。

（二）多媒体资源的美学整合

在现代教育技术的应用中，多媒体资源的整合不仅是为了丰富教学内容，更重要的是通过美学的视角来提升教学效果。美学整合的核心在于通过视觉、听觉等多感官的协调，从而增强学生的学习体验和知识吸收。

图片的选择和使用可以极大地影响学生的注意力和理解力。教师应注重色彩的协调与构图的美感。色彩搭配要符合心理学的原则，避免过于刺眼或杂乱，应该以舒适、自然为主，帮助学生更好地集中注意力。在构图上则要遵循简洁清晰的原则，避免过多不相关的信息干扰学生的理解。

视频资源的美学整合需要考虑内容的连贯性和节奏感。视频内容应当紧扣教学主题，避免冗长的片段使学生分心。高质量的画面和清晰的音效不仅能吸引学生的注意力，还能帮助他们更好地理解和记忆知识点。选择的视频应当具有良好的画面质量和音效，以确保学生能够清晰地看到和听到关键信息。

在音频资源的选择上，教师应注重音质的清晰度和背景音乐的适当性。背景音乐不宜过于喧闹，应与教学内容相辅相成，起到烘托气氛、增强记忆的作用。清晰的音质可以使学生更容易理解音频内容，而恰当的背景音乐能够增强情境感，使学生更容易沉浸在学习过程中。

在实际教学中，对于多媒体资源的美学整合可以通过一些具体的方法和案例来实现。例如，在一堂历史课中，教师可以将历史事件的图片、相关视频片段以及背景音乐进行有机整合。图片的选择应当展示事件的关键场景，并配以简洁的文字说明，帮助学生建立直观的历史概念。视频片段则可以选取一些纪录片或历史剧中的经典片段，通过剪辑来使其与教学内容高度契合。背景音乐则可以选择一些符合历史背景的音乐，营造情境感，使学生仿佛置身于历史场景中。

为了确保多媒体资源的统一性和美观性，教师在整合资源时应当遵循一定的设计原则。确定一个统一的视觉风格，包括色彩、字体、布局等，以避免不同资源之间的风格冲突，保持整体的美观性。资源的排列和展示要有逻辑性，按照教学内容的进展循序渐进，使学生能够顺畅地跟随教学节奏。教师还可以利用一些多媒体设计软件，对图片和视频进行专业的编辑和美化，提高资源的视觉效果和吸引力。

（三）教学资源美学整合实践

某中学的数学翻转课堂项目通过引入视觉美学元素和用户体验设计，提升了学生的学习参与度和理解能力。在教学视频的制作过程中，教师与专业设计师合作，应用色彩心理学原则，使用柔和且不易视觉疲劳的色调，如蓝色和绿色，来营造舒适的视觉环境。视频内容结构清晰，使用图标、动画及实物模型等多种视觉元素，使抽象概念具象化，帮助学生更好地理解复杂的数学原理。通过这些美学设计手段，该项目不仅提高了学生的学习动机，还促进了学生对知识的深度掌握。

该项目的成功不仅在于视觉效果的提升，还在于整体用户体验的优化。教师通过分析学生的学习行为数据，发现学生在观看视频时的注意力时长和互动需求。基于此，视频长度被控制在 10 分钟以内，并在关键知识点处插入互动问题。采用这种设计，不但提高了学习的有效性，还增强了学生的参与感和主动性。最终，该项目在期末考试中显示出显著的成绩提升，学生对数学学科的兴趣也有了明显增加。

为了在翻转课堂中实现教学资源的美学整合，教师可以遵循以下实施步骤和策略。前期规划与设计：明确教学目标和学生需求是第一步。在此基础上，制订详细的教学计划和美学设计方案。可以借助专业设计师或参考视觉设计指南，确定视频、课件等资源的整体视觉风格和色彩搭配。合理的前期规划可以确保后续资源制作和应用的有效性和统一性。资源制作与优化：在制作教学资源时，注重视觉元素的应用，如色彩、字体、图标和动画等。使用高质量的图像和视频，确保资源的清晰度和美观度。考虑到学生的视觉疲劳，应避免过度使用亮色和频繁的动画效果。优质的资源制作不仅能提升学生的学习体验，还能增强他们对学习内容的理解和记忆。互动设计与反馈收集：在教学资源中嵌入互动环节，如在线测验、讨论区和实时反馈机制，以增强学生的参与感。通过数据分析工具，收集学生的学习行为数据和反馈，及时调整和优化教学资源。互动设计可以有效提高学生的注意力和学习兴趣，反馈收集则为持续改进提供了重要依据。持续改进与评估：定期评估教学资源的使用效果，包括学生的学习成绩、参与度和满意度等。根据评估结果来不断调整和改进资源的美学设计，确保其能够持续地满足学生的学习需求和美学体验。通过持续改进，教师可以不断地优化翻转课堂的教学效果，促进学生的全面发展。

四、翻转课堂中课堂互动的美学体验

（一）课堂互动设计的美学原则

1.视觉吸引力

通过对色彩、形状和排版等视觉元素的巧妙运用，可以显著增强学生对课堂内容的关注度和兴趣。例如，使用对比鲜明的颜色和简洁明了的图形能够让学生更容易捕捉信息，从而提高课堂互动的效率。视觉元素的美学设计还可以提升学生的情绪状态，使其在参与互动时更加积极和愉悦。富有吸引力的视觉设计，不仅能吸引学生的注意力，还能激发他们的学习兴趣，使课堂互动更加生动和有效。

2.易操作性

操作简便、直观的互动设计可以降低学生的认知负荷，使其能够集中精力学习内容本身。例如，在翻转课堂中，使用界面友好的互动平台，如简洁的导航按钮、清晰的功能图标等，可以让学生快速上手，并在互动过程中减少操作障碍。易操作性的设计不仅提高了互动的流畅性，还能增强学生的自信心，使其更主动地参与到课堂互动中。这样，学生可以更顺利地进行互动，减少因技术问题而带来的挫败感。

3.空间美学

合理的空间布局和美学设计可以优化互动体验。适当的留白和间距设计可以避免信息过于密集，减少视觉疲劳，同时能突出关键内容，使学生更容易理解和记忆。互动空间的美学设计还可以通过创造舒适的学习环境，来提升学生的专注度和参与感，使其更愿意投入到互动过程中。通过合理的空间设计，可以有效减少信息的杂乱感，使学生能够更清晰地抓住重点内容，进而提高整体学习效果。

这些美学原则在课堂互动设计中的应用，直接关系学生参与度和互动效果的提升。视觉吸引力能够显著地增强学生的注意力和学习动机。当视觉设计富有吸引力时，学生就会更容易被课堂内容所吸引，从而产生内在的学习动力，主动参与到互动环节中。易操作性的设计在提升学生参与度方面同样具有重要意义。操作简便的互动平台能让学生从烦琐的操作中解放出来，让他们将更多的精力投入到学习内容上。空间美学的合理应用有助于创造一个舒适的学习环境，从而提升学生的专注度和参与体验。

（二）美学视角下的互动工具应用

在线讨论平台如 Moodle、Edmodo 等，为教师和学生提供了一个开放且灵活的交流环境。这些平台不仅支持文字讨论，还可以通过音频、视频等多媒体形式进行互动，这提升了沟通的多样性和趣味性。学生可以在课前通过这些平台来提出疑问，教师则可以实时或课后进行解答，这样极大地提高了课堂预习和复习的效率。即时反馈系统通过实时互动和即时反馈，帮助学生及时巩固所学知识，增强了学习的主动性和参与感。这些互动工具通过多种形式的交流和反馈机制，使得翻转课堂更加灵活和高效。

这些互动工具的美学设计要素主要体现在界面的视觉设计、用户体验（UX）设计以及交互模式上。在线讨论平台通常采用简洁明快的色彩搭配和图标设计，避免出现过多的视觉干扰，确保学生能够集中注意力于内容本身。即时反馈系统则通过生动的动画效果和声音提示，来增强互动过程中的趣味性和吸引力。此外，这些工具的响应速度和操作流畅度也是重要的美学体验因素，会直接影响用户的满意度和使用效果。通过对这些美学设计要素的细致把握，可以显著提升学生在翻转课堂中的互动体验。

例如，在线讨论平台的简洁设计使得学生能够快速找到所需功能，降低了操作复杂度。同时，即时反馈系统的生动设计和即时响应能够激发学生的学习兴趣，提高课堂互动的效率和效果。在实际应用中，这些美学设计要素使得学生能够更加专注于学习内容，从而提高学习效果。通过合理应用和优化这些工具，教师可以在翻转课堂中创造出更加生动、有趣和高效的学习环境。

翻转课堂中的互动工具不仅在功能上满足了教学需求，其美学设计要素更是为提升学生的互动体验和学习效果提供了重要保障。教师通过合理应用和优化这些工具，能够在翻转课堂中创造出更加生动、有趣和高效的学习环境，从而大大提高自己的教学效果和学生的学习体验。

（三）课堂互动的美学体验优化策略

在翻转课堂中，界面设计应当注重色彩搭配和排版布局，以提升视觉美感。

在色彩方面，宜采用柔和且高对比度的配色方案，避免过于刺眼或单调的颜色，提升学生的视觉舒适度。排版布局应当简洁明了、信息层级分明，确保学生能够快速找到所需的学习资源。图标和图片的使用也应有美学考量，既要具备功能性，又要能够提升界面的整体美感。优雅的界面设计不仅能提升学习平台的使用体验，还能激发学生的学习兴趣。

互动形式的设计也是优化美学体验的重要方面。多样化的互动形式不仅能增加课堂的趣味性，还能提高学生的参与度。例如，通过引入虚拟现实（VR）或增强现实（AR）技术，学生可以沉浸在逼真的学习情境中，增强学习体验的沉浸感和互动性。利用游戏化学习设计，将知识点融入游戏情节中，鼓励学生通过完成任务和挑战来获取知识，从而增强学习的趣味性和吸引力。这些技术不仅能增加互动的多样性，还能让学生在更有趣的环境中进行学习。

优化课堂互动的美学体验不仅仅是为了让课堂更具吸引力，更重要的是提升学生的参与度和学习效果。精美的界面设计能够减少学生在操作过程中的认知负荷，使他们能够将更多的注意力集中在学习内容上。良好的色彩搭配和排版布局可以激发学生的学习兴趣，增加他们对学习活动的投入度，从而使学生的学习过程更为高效愉悦。

多样化的互动形式能显著提升学生的主动参与性和学习积极性。通过虚拟现实或游戏化设计，学生在互动中体验到学习的乐趣，从而增强他们的内在学习动机。这种互动形式不仅能帮助学生更好地理解和掌握知识，还能促进他们的思维发展和提升他们的问题解决能力。现代教育技术的应用，结合美学视角的考量，为学生创造了一个更加丰富、多元和愉悦的学习环境，从而提升了整体的学习效果。通过这些策略，教育者能够更好地引导学生，帮助他们在学习过程中取得更好的成果。

第二节　美学视野下的混合式教学模式

一、混合式教学模式的美学基础

（一）混合式教学与美学理论的结合

在现代教育技术的背景下，混合式教学模式正在日益成为教育领域的主流趋势。混合式教学模式不仅是一种教学方式的革新，更是将美学理论深度融入教学设计的体现。美学设计在混合式教学中的应用，可以通过视觉、听觉以及互动体验等多方面来呈现出来。在线教学通过精心设计的界面、色彩搭配、图像和视频的运用，使学生可以在视觉上获得愉悦的体验。线下教学则通过教室内部的布置、教学道具的选择以及教师的讲解风格等，营造出一种和谐、美观的学习环境。两者相结合，能够为学生提供一个既富有美感又高效的学习过程。

混合式教学模式中的美学设计不仅局限于视觉层面，还包括听觉和互动层面的设计。在线课程中，音频和视频素材的质量、背景音乐的使用、教师语音的清晰程度等因素都影响着学生的学习体验。线下课堂中，教师的语言表达、互动环节的设计以及课堂氛围的营造，都需要考虑美学因素，以提升学生的听觉体验和参与感。通过线上与线下教学中美学设计的相互呼应与融合，学生能够在多感官的刺激下，更加投入地学习，从而提高教师的教学效果。

将美学设计融入混合式教学模式不仅能提升教学效果，还能显著改善学生的学习体验。美学设计能够激发学生的学习动机，使他们在学习过程中保持高度的专注和积极性。当学生置身于一个美观、和谐的学习环境中时，能够更容易地进入学习状态，减少外界干扰，提高学习效率。此外，美学设计还能够帮助学生更好地理解和记忆知识点，视觉和听觉的多重刺激能够加深学生对所学内容的印象，形成长久记忆。

在混合式教学模式中，美学设计的应用还能促进师生之间的互动，增强学生的参与感和归属感。通过精心设计的在线课程界面，学生可以更加直观地了解课程结构和学习进度，在线互动工具的运用使得师生之间的沟通更加便捷和高效。线下课堂中，通过美学设计营造出的良好氛围，可以激发学生的创造力和思考能力，使他们更加主动地参加课堂讨论和活动。这种多维度的美学体验，不仅能够提升学生的学习兴趣，还能够培养他们的审美素养和综合素质。

将美学理论融入混合式教学模式，不仅能够提升教师的教学效果和学生的学习体验，还能够为教育注入新的活力和内涵。通过线上与线下教学的美学设计，让学生在一个充满美感的环境中学习，不仅有助于教师对知识的传授和掌握，更有助于学生全面素质的提升。这种结合无疑是现代教育技术与美学研究的重要方向，也为未来教育的发展提供了新的思路和方法。

(二)美学原则在混合式教学中的应用

在混合式教学模式中，美学原则的应用不仅能够提升教学内容的吸引力，还能够激发学生的学习兴趣，从而提高教学效果。

协调性原则是指在视觉设计和内容安排中保持一致性和和谐性。在实践中，教师可以通过协调教学内容的颜色、字体、布局等元素来实现统一的美学效果。例如，在制作 PPT 时，选择统一的配色方案和字体样式，使整个教学内容看起来整洁、有序，从而减少学生的视觉疲劳，提高注意力集中程度。这种一致性不仅能够带来视觉上的美感，而且有助于学生更好地组织和理解信息，从而在学习过程中减少认知负荷。

对比性原则则强调在教学内容的设计中运用对比元素，以突出重点和增强视觉冲击力。在混合式教学中，教师可以通过对比色彩、字体大小、图文布局等手段来吸引学生的注意力。例如，在讲解重要概念时，使用鲜艳的颜色和较大的字体将其突出显示，或者通过插入图片和视频来打破单调的文字叙述，以增强教学内容的生动性和趣味性。对比性的设计不仅能够使关键信息脱颖而出，还能够通过视觉差异来维持学生的兴趣和参与度。

在某一高校的混合式教学实践中，一位教师在其课程中应用了协调性和对比性原则。教师在制作教学课件时，选择了统一的蓝白配色方案，所有的标题和副标题均使用同一种字体和字号。这种统一的设计不仅能够使课件看起来简洁、美观，还可以帮助学生更容易地识别和理解课程结构，进而提高学习效率。通过这种方式，学生能够在视觉上感受到一种连贯性，从而更专注于学习内容，而不是被不同的视觉元素分散注意力。该教师在讲解复杂概念时，特别使用了不同颜色的标注来区分关键点和次要点。例如，在分析某一物理现象时，将主要变量以红色标注，次要变量以蓝色标注，并通过动画效果来展示变量之间的关系。这种对比性的设计不仅增加了视觉吸引力，还帮助学生更好地理解和记忆关键知识点。通过这种视觉上的对比，学生能够更清晰地分辨出重要信息，从而在学习过程中更有针对性地去进行记忆和理解。

在一次混合式教学的研讨课中，教师通过使用对比性的教学视频和现场演示来增强学生的感知体验。教师首先播放了一段关于某一化学实验的教学视频，通过视频中的高对比度颜色和动态效果来展示实验步骤，然后在课堂上进行现场演示，利用对比性的手法让学生直观地感受到实验的变化过程。这种多媒体结合的方式，不仅增强了教学的直观性和互动性，还提升了学生的学习兴趣和积极性。通过这种动态与静态的结合，学生能够更全面地理解教学内容，从而达到更好的学习效果。

(三)混合式教学的美学设计要素

在混合式教学模式中,美学设计要素不仅会影响学生对学习环境的感知,更直接关系他们的学习体验与效果。色彩不仅可以引导学生的注意力,还能影响他们的情绪和认知表现。例如,柔和的蓝色和绿色可以创造一种平静的氛围,有助于学生集中注意力、提高学习效率;而明亮的黄色和橙色则可以激发学生的创造力和积极性。在设计教学平台或课件时,合理运用色彩搭配,可以有效提升学生的学习体验。良好的布局设计能够优化信息的呈现方式,帮助学生更好地理解和掌握知识。例如,在教学平台上,重要信息应该放在显眼的位置,使用清晰的标题和分段标识,以便能够学生快速找到所需内容。同时,合理的空间留白可以避免信息过于密集,减少学生的视觉疲劳,提高阅读的舒适度和效率。在实际教学中,教师可以通过调整课件的布局,优化课堂活动的安排,进而提升整体教学效果。

在实际教学中,色彩搭配和布局设计的应用策略可以多种多样。例如,在某高校的混合式课程中,教师通过对课件色彩的调整,大幅提升了学生的参与度和满意度。具体做法是将不同模块的信息用不同颜色区分,如理论部分用蓝色,实践部分用绿色,评价反馈用橙色,这样不仅能够帮助学生快速定位所需信息,还能够使整个课件看起来更加生动有趣。

在某中学的历史课上,教师通过优化课堂布局设计,大大提高了学生的学习效果。教师将课堂内容按时间轴排列,并在每个时间段使用不同的颜色标识,同时在关键事件和人物旁边留有足够的空白区域,供学生做笔记和添加个人理解。这样的布局设计不仅使信息更加清晰有序,还增强了学生自主学习的能力。

在混合式教学中,美学设计要素的应用不仅提高了教学内容的呈现质量,还显著提高了学生的学习体验。通过具体的色彩搭配和布局设计策略,教师可以创造出一个更加友好和高效的学习环境,进而提升整体教学效果。通过这些详细的策略和案例,教师们可以在实际教学中进行灵活运用,为学生创造更加丰富和有效的学习体验。

二、美学原则在混合式教学设计中的应用

(一)课程内容设计的美学规范

简洁明了的课程设计能够帮助学生更迅速地抓住核心知识点,避免信息过

载。视觉吸引力则通过对色彩、布局和图像的合理使用，来增强学生的学习兴趣和注意力。在PPT的设计中，建议使用干净的背景、适当的对比度和一致的字体样式，从而形成统一且具吸引力的视觉效果。图像和图表的使用应当与课程内容紧密相关，避免出现过多的装饰性元素，以免分散学生注意力。

现代教育技术的应用使多媒体元素得以广泛使用，合理利用这些元素能进一步提升课程设计的美学效果。视频和动画的引入不仅能直观展示复杂的概念，还能通过动态演示吸引学生的注意力。然而，这些多媒体元素的使用需要遵循适度原则，确保其与教学目标高度一致，避免形成干扰。例如，短视频可以用来解释复杂的科学原理，而动画则可以演示分子结构的动态变化，这些都是提升视觉吸引力的有效手段。

在具体的设计策略上，可以采用模块化设计，将课程内容分成若干独立但相互关联的模块，每个模块的内容都应简洁、清晰，重点突出。在混合式教学模式下，可以将面授部分与在线学习部分分别设计，并在两者之间建立明确的联系和过渡。这种设计不仅有助于学生自主学习，还能通过适当的视觉和内容分割，来提升整体的美学效果。

某大学在设计“数据科学”课程时，采用了模块化和多媒体结合的策略。在线部分内容通过互动视频和在线测验，使学生能够在视觉上和认知上获得双重刺激；面授部分则使用简洁的PPT和互动白板，确保课堂交流的流畅性和视觉上的简洁性。这种方法有效地将美学与教学效果结合在一起，既提升了课程的吸引力，也增强了学生的理解力。

Moodle等平台允许教师自定义课程界面，通过合理的版面设计、色彩搭配和导航优化，可以使学生在学习过程中获得良好的视觉体验和操作体验。这不仅提高了学习效率，也在潜移默化中培养了学生的美学素养。合理的布局和色彩搭配可以使学生在学习时感到舒适，从而使学生更加专注于课程内容。

（二）课堂结构设计的美学考量

在设计课堂结构时，对于美学因素的考量尤为重要。模块化设计是一种有效的方法，将课堂内容分割成若干独立且互相关联的部分，通过这种方式，教师可以更灵活地安排教学内容和时间，提升学生的专注力和学习效果。例如，在一节语言课程中，可以将课堂分为听、说、读、写四个模块，并依次展开教学。这种设计不仅能够帮助学生系统、全面地掌握各项技能，还能使课堂结构更加清晰、合理，使学生在学习过程中感觉到结构的美感和学习的愉悦。

通过层次感的设计，可以使课堂内容由浅入深、循序渐进，增强学生的理解和记忆。例如，在一节科学课上，可以先从基础概念入手，然后逐步深入复杂的理论和应用之中，最后通过实验和讨论来巩固学生的理解。这样的层次设计不仅符合认知规律，也能够让学生在学习过程中感受到知识的连贯性和逻辑性，提升他们学习的主动性和参与感。

利用思维导图软件来展示知识点的关系和层次，使学生能够一目了然地看到知识的框架和结构。例如，使用高质量的图像和动画来辅助教学，增加课堂的视觉吸引力和趣味性。通过这些策略，教师不仅能够提升课堂的美学质量，还能增强学生的学习体验和效果。

北京某中学在设计其混合式教学模式时，采用了模块化设计和层次感设计相结合的策略。该校的历史课程将内容分为古代史、中世纪史、近现代史三个模块，在每个模块内又按照时间顺序和主题进行细化。通过这种方式，学生能够系统地掌握历史知识，也能感受到历史发展的脉络和逻辑。该校的教师还利用多媒体课件和虚拟现实技术，让学生能够身临其境地体验历史事件，极大地激发了学生的学习兴趣并提高了学生的参与度。

设计课堂结构时，充分考虑美学因素不仅提升了课堂的美观度和条理性，还能增强学生的学习效果和体验。通过合理的模块化设计和层次感设计，以及具体的视觉化和多媒体技术的应用，教师能够在美学与功能性之间找到最佳的平衡，打造出高效且美观的课堂结构。这样的设计不仅有助于学生更好地掌握知识，还能够提升他们的学习兴趣和积极性。

(三)美学视角下的教学活动组织

在混合式教学模式下，遵循美学原则，通过在线讨论、即时反馈、虚拟实验等方式，增加学生与教师、学生与学生之间的互动。这不仅增强了学习的参与感，还能激发学生的学习兴趣和积极性。互动性的实现需要借助适当的技术工具，如学习管理系统(LMS)、即时通信软件和虚拟现实(VR)设备等。

视觉吸引力是另一个重要的美学原则。视觉设计应注重色彩搭配、排版布局和图像使用，以确保教学材料和界面美观、易于理解。例如，利用色彩心理学原理来选择适宜的色调，能够引导学生的注意力并营造积极的学习氛围。排版布局应简洁有序，避免信息过载，也要适当使用图表、插图等视觉元素，以增强信息的传递效果。多样化的视觉呈现不仅能提高学生的学习兴趣，还能帮助学生更好地理解和记忆知识点。

在具体的教学活动组织中，可以采用以下策略确保美学原则的落实。设计混合式课程时，应结合线上与线下的优势。例如，在对理论知识的传授上，可以利用在线课程视频和多媒体课件，使内容生动直观；而在实践环节，则可以通过线下实验和小组讨论，来增强学生的实际操作能力和团队合作精神。在这种设计中，线上部分的视觉吸引力尤为重要，需要特别注意多媒体资源的美学设计。

以一门高中生物课程为例。在讲解“细胞结构与功能”这一章节时，教师可以先制作一段动画视频，生动地展示细胞的各个组成部分及其功能。视频中应使用明亮的颜色区分不同的细胞器，并配以适当的背景音乐，增强学生的观感体验。随后，在线上平台发布相关的互动练习，如拖放式细胞结构匹配题，来帮助学生加深理解。在线下课时，组织学生进行显微镜观察实验，实际观察细胞结构，并分组讨论实验结果。通过这种线上线下结合的方式，不仅可以使教学内容更具吸引力，还能有效地提升学生的学习效果。

大学计算机编程课程中，在教学生如何编写代码时，可以利用在线编程环境进行实战练习。教师可以设计一个美观的编程界面，使用不同颜色高亮显示代码语法，使学生在编写代码时更加直观和易于理解。同时，通过在线平台来提供即时错误反馈，帮助学生及时纠正自己的编程错误。在课堂上，教师可以组织编程竞赛或黑客马拉松活动，鼓励学生团队合作，解决实际问题。这种活动不仅增加了课程的趣味性，还能培养学生的实践能力和创新思维。

通过遵循互动性、视觉吸引力等美学原则，提升教学活动的质量和效果是可行且必要的。精心设计并合理运用技术手段，可以在美学与教学效果之间找到最佳平衡点，为学生提供丰富而有意义的学习体验。通过这些策略和案例，可以更好地实现混合式教学的目标，进而提升学生的整体学习效果和满意度。

三、混合式教学模式中的美学评价标准

（一）评价标准的美学维度

在当今教育领域中，为了确保混合式教学模式能够有效地吸引学生并促进他们的学习，分析和评价其中的美学维度是至关重要的。美学评价涉及多个方面，其中视觉美感和用户体验是两个核心要素。

视觉美感在混合式教学模式中扮演着重要的角色。教学资源和学习环境的设计需要注重界面的色彩搭配、布局的合理性以及图像和视频的质量等。这些元

素不仅直接影响学生的学习兴趣和注意力，还能够增强学习内容的吸引力和记忆效果。例如，色彩的和谐度可以帮助学生更容易地聚焦在重要的学习内容上，而合理的布局则能使信息呈现更加清晰、易于理解。高质量的图像和视频能够提供更直观、具体的学习体验，从而提升学生的理解和记忆效果。

用户体验是评价混合式教学模式美学维度的另一个关键要素。一个良好的用户体验能够显著提高学生的学习效率，减少技术障碍对学习过程的干扰。用户体验涵盖了操作的便捷性、系统的稳定性以及互动功能的有效性等多个方面。操作便捷性会影响学生在使用教学平台时的流畅性，如果操作烦琐或不直观，学生可能会感到挫败，从而降低自己的学习动力。系统稳定性则确保教学平台能够持续高效地运行，避免因系统崩溃或响应迟缓而中断学习过程。互动功能的有效性则能够促进学生与教师、同伴之间的交流与合作，增强学习的互动性和参与度。

为了确保对混合式教学模式中美学维度的评价全面且科学，必须建立一套系统的评价标准和方法。对视觉美感的评价可以通过色彩和谐度、布局简洁性和逻辑性、图像和视频的清晰度和美观度等指标来进行。这些指标可以通过专家评分、学生问卷调查以及使用行为数据（如学生在不同界面停留时间）来综合评估。此外，用户体验的评价应涵盖操作便捷性、系统稳定性和互动功能有效性等多个方面。操作便捷性可以通过任务完成时间和错误率来测量；系统稳定性则可以通过系统响应时间和崩溃频率等技术指标来评估；互动功能的有效性则可以通过学生参与度、互动频率和反馈质量等指标来进行综合评价。

综合这些评价标准和方法，通过结合定量数据和定性反馈，能够全面、科学地评价混合式教学模式中的美学维度。这不仅有助于发现在教学设计中存在的不足，还可以为优化教学模式提供具体的改进建议。最终，提升学生的学习体验和教学效果，真正实现“以学生为中心”的教育理念。

（二）美学视角下的评价指标设计

在混合式教学模式中，美学评价标准的设计不仅要关注教学内容的有效传达，还需注重视觉吸引力和易用性等美学因素。视觉吸引力指的是教学材料在视觉上是否能够吸引学生的注意力，并激发他们的学习兴趣。易用性则是指学生在使用教学材料时是否能够方便快捷地获取信息，减少学习障碍。这两个方面的美学因素在设计评价指标时需要被细致地考虑，以确保教学模式的科学性和有效性。

在色彩协调方面，教学平台的界面设计应避免过于复杂的色彩搭配，选择柔和、对比度适中的颜色，以减少视觉疲劳。布局合理是另一个关键因素，版面设计应简洁明了，重要信息应突出显示，辅助信息应有层次地排列出来。图文结合方面，教学材料应尽量使用高质量的图片和图表，配以简明扼要的文字说明，以增强内容的直观性和理解度。这些策略不仅可以提升学生的视觉体验，还能激发他们的学习兴趣。

界面的友好性和操作的便捷性是设计评价指标时的核心关注点。设计直观的导航系统，使学生能够迅速地找到其所需的资源，显得尤为重要。提供清晰的操作指引和帮助文档，可以有效地解决学生在使用过程中可能遇到的问题。优化平台的响应速度，确保平台在高峰时段也能够流畅运行，是提升用户体验的重要策略。此外，还应考虑不同设备的兼容性，保证学生无论使用电脑、平板还是手机，都能获得良好的使用体验。

在设计美学评价标准时，可以参考一些成功的混合式教学平台，如 Coursera 和 edX。这些平台在视觉设计和用户体验方面都有较高的标准。Coursera 的课程页面设计简洁明了，色彩搭配和谐，重要信息一目了然。edX 则在操作便捷性方面表现出色，清晰的导航栏和详细的操作指引使学生能够快速上手。分析这些成功案例，可以为我们在设计混合式教学模式的美学评价标准时提供有益的参考，确保评价指标的科学性和有效性。

在美学视角下设计混合式教学模式的评价指标时，需要全面考虑视觉吸引力和易用性等因素。通过结合具体的设计策略和成功案例，可以确保评价指标的科学性和有效性。这不仅有助于提升学生的学习体验，也能促进教学效果的最大化，从而实现更高效的教学目标。

(三)学生反馈与美学评价的结合

因为学生是教育过程的直接参与者和受益者，更因为他们的感知和体验能够直观地反映出在教学过程中的美学元素的实际效果。学生反馈提供了一种自下而上的视角，使教育者能够了解教学材料、教学方法以及教学环境在美学层面的接受度和影响力。通过学生反馈，教育者可以及时调整教学策略，优化教学设计，使其更加符合美学标准，从而提升整体教学质量和学生的学习体验。

在美学评价的应用中，学生反馈可以通过多种方式进行采集和分析。一方面，可以通过定量的问卷调查来收集学生对教学过程中各个美学元素的评价，诸如课程内容的视觉设计、教学资源的美观度、课堂氛围的营造等。另一方面，可以通过定性的访谈、讨论会等方式，来深入了解学生在课堂中的情感体验和美学感受。这些反馈信息不仅有助于发现教学中的美学问题，还能提供改进的具体方向和建议。

为了确保学生反馈的客观性和全面性，收集和分析方法须兼顾多样化和科学性。设计科学合理的问卷是收集定量反馈的重要手段。问卷应该包含多维度的美学评价指标，如视觉美感、听觉愉悦度、情感共鸣等。问卷设计应避免主观引导性问题，确保学生能够自由表达自己的真实感受。问卷数据可以通过统计分析方法，如描述性统计、因子分析等，来揭示教学过程中美学元素的优劣。

采用定性方法，如半结构化访谈和焦点小组讨论，可以深入地挖掘学生对美学体验的细腻感受和具体意见。在访谈和讨论过程中，应以开放性问题为主，鼓励学生分享个人体验和主观感受。此外，还可以采用观察法，通过记录学生在课堂上的行为表现和情感反应，获取反馈信息。这些定性数据可以通过编码和主题分析，提炼出共性的美学体验和改进建议。

综合定量和定性数据，形成全面的美学评价报告。报告应包含数据分析结果、学生反馈的主要问题和改进建议，并结合具体教学案例，提出可行的美学优化措施。这样的反馈机制不仅有助于提升教学效果，还能增强学生的学习体验和满意度，为教育质量的持续提升提供有力支持。

四、美学视野下的学生混合式学习体验优化

(一)学习环境的美学优化

在优化学习环境时，色彩不仅能提升空间的美观度，还会对学生的情绪和注意力产生重要影响。研究表明，柔和的冷色调如浅蓝色和绿色，有助于学生集中注意力并保持冷静。而暖色调如黄色和橙色，则能激发学生的创造力和积极性。因此，在设计学习空间时，须根据教学内容和目标选择合适的色彩搭配，以实现最佳的学习效果。

合理的空间布局不仅能提升美观度，还能提高空间的功能性和利用率。开放式的教室布局能促进师生互动，增强课堂参与度和互动性。进行小组讨论和合作学习时，模块化家具的使用，使空间布局更灵活，满足不同教学活动的需要。科学的空间布局设计，为学生创造一个舒适、灵活且美感十足的学习环境，极大地提升了学习体验和效果。

芬兰的一些学校在设计学习空间时，充分利用了自然光和柔和的人工照明，

结合植物和自然元素，营造出一种宁静、舒适的学习氛围。此外，这些学校还注重空间多样性和灵活性，通过设置不同功能区，如阅读角、讨论区和休息区，可以使学习环境既美观又功能齐全。未来教室项强调学生的自主性和创造性，通过开放式空间布局和多样化家具配置，提供多种学习模式选择。教室内的色彩搭配考虑学生心理需求，采用柔和色调和自然材料，创造出一个温馨且富有现代感的学习环境。这些优化策略不仅提升了学习环境的美感，还显著提高了学生的参与度和学习效果。

（二）学习过程中的美学体验设计

在现代教育中，设计学习过程时应注重布局的简洁和色彩的协调，要通过合理的排版和图像的运用来增强学习内容的易读性和吸引力。研究表明，视觉设计中的色彩运用可以直接影响学生的情绪和注意力，因此在选择色彩时应既符合教学内容，又能激发学生的学习兴趣。例如，在一个在线学习平台上使用柔和的色调和简洁的图标，可以减少视觉疲劳，提高学习的专注度。一个设计良好的界面不仅能够吸引学生的目光，还能通过优化信息展示来帮助学生更好地理解和记忆学习内容。

互动体验是学习过程美学设计的另一个关键因素。互动设计能够显著提高学生的参与度，使学习过程更加生动有趣。有效的互动设计应包括多种互动形式，如动画、视频、实时反馈等，以满足不同学生的学习需求和偏好。例如，在一门数学课程中，可以通过交互式的动画来演示数学原理，使抽象的概念变得更加直观和易懂。实时反馈系统可以帮助学生及时了解自己的学习进度和掌握程度，从而调整学习策略，提高学习效果。通过多样化的互动方式，不仅能使学习过程变得更加丰富多彩，还能提升学生的动手能力和自主学习能力。

在具体的设计策略方面，明确学习目标是第一步，并结合美学因素制订详细的设计方案。一个有效的策略是将美学原则与教育目标有机结合，通过精心设计的视觉和互动元素来支持教学内容。例如，在一门历史课程中，可以通过生动的历史地图和互动时间轴来展示历史事件的发展过程，使学生能够更直观地理解历史的脉络和背景。通过将复杂的历史事件视觉化，学生不仅能够更好地理解课程内容，还能对历史产生浓厚的兴趣，从而促进深度学习。

一些知名的在线教育平台，如 Coursera 和可汗学院（Khan Academem）在课程设计中充分考虑了美学因素，通过简洁的界面设计、丰富的多媒体资源和多样的互动方式，为学生提供了优质的学习体验。以可汗学院为例，其在数学课程中使用了大量的交互式视频和练习题，通过生动的讲解和及时的反馈，使学生能够在轻松愉快的氛围中掌握复杂的数学概念。这些设计不仅提升了学生的学习兴趣，还显著提高了学生的学习效果。

(三)学生学习反馈的美学分析

在现代教育技术中，有效的视觉展示不仅会影响学生的理解和接受度，还会直接影响他们的学习动机和情感体验。色彩搭配、布局安排和图文结合是视觉设计的重要组成部分。合理的色彩搭配能够帮助学生迅速识别重点信息，而清晰的布局安排则可以使反馈信息更加直观易读。例如，使用颜色标注来区分不同类型的反馈信息，可以使学生更快地抓住要点，并根据反馈来进行有效调整。

互动性是学生学习反馈中另一个不可忽视的美学因素。通过增加互动元素，可以显著提升学生对反馈内容的参与感和接受度。互动性可以通过多种方式来实现，如互动式反馈工具、实时在线讨论板和游戏化反馈机制等。这些方法不仅能够增加学生的参与感，还能通过即时反馈和互动交流，来帮助他们更好地理解和内化反馈内容。例如，在线测评工具可以在学生回答问题后立即提供反馈，并通过互动讨论来进一步深化理解，从而提升学习效果。

提供具体的分析方法和案例是确保反馈分析全面性和科学性的关键步骤。数据分析方法可用于对学生学习反馈中的常见问题和优点进行分类和统计。利用数据可视化工具，如图表和仪表盘，展示反馈结果，使教师和学生能够直观地了解学习状况。例如，在一次混合式教学中，教师可以使用数据分析工具对学生的在线测验结果进行分析，从而发现哪些知识点的错误率较高，进而调整教学策略，有针对性地进行补充教学。

通过具体案例可以深入探讨学生反馈的美学因素对学习效果的影响。在混合式课堂中，教师通过优化反馈的视觉展示和增加互动性，显著提升了学生的学习积极性和理解能力。例如，教师在反馈中加入了富有美感的图表和互动式练习，使得学生在参与反馈的过程中既能享受美学体验，又能有效地提升学习效果。这种实践不仅增强了学生的学习体验，还为其他教育工作者提供了宝贵的借鉴。

第三节　美学视野下的项目式教学模式

一、项目式教学模式的美学基础

(一)项目式教学的美学理论基础

项目式教学模式以其独特的形式和功能,蕴含了丰富的美学内涵。形式美学强调教学活动的结构、布局及表现形式。项目式教学通过精心设计的项目任务,呈现出教学活动的多样性和层次感。这种形式不仅能够激发学生的学习兴趣,还能够使教学过程更具有条理性和艺术性。例如,在进行某一科学项目时,教师可以通过图形、表格、模型等多种形式,来帮助学生理解复杂的科学概念。这种多样化的表现形式使得学习过程充满美感,可以激发学生的探索欲望和创造力。

功能美学则关注教学活动的实用性和效果。项目式教学通过实际操作和具体项目的完成,使学生在真实情景中运用所学知识,解决实际问题。这种教学方法不仅提升了学生的动手能力和解决问题的能力,还增强了他们的学习成就感和自信心。例如,在一个社会研究项目中,学生可以通过实地调查、数据分析和报告撰写,真正理解社会现象和问题。这种功能美学的体现,使得教学活动不仅具有美感,而且具有实际的教育价值和意义。

美学理论在项目式教学中的应用,直接关系教学效果的提升。形式美学强调教学活动的有序性和艺术性,使得教学过程更具吸引力和感染力。通过精心设计的教学形式,教师可以创造出一个富有美感的学习环境,使学生在愉悦的氛围中学习,这不仅提高了学生的学习兴趣和积极性,还能够更有效地促进知识的内化和迁移。例如,通过项目式教学中的美学设计,学生可以更直观地感受到知识的结构和逻辑,从而提高学习的效率和效果。

功能美学强调教学活动的实用性和效果,通过项目式教学,学生能够在实践中将所学知识应用到实际问题的解决中去。这种教学方法不仅使学生学到了知识,更重要的是培养了他们的创新精神和实践能力。这种结合了形式美学和功能美学的教学模式,使得教学活动不仅具有美感,更具有实用性和教育价值。例如,通过项目式教学,学生可以在真实的任务中体验和掌握知识,从而提高其综合素质,这对于他们的未来发展具有重要意义。美学理论的应用,使得项目式教学模式在提升教学效果方面具有显著的优势。

项目式教学模式通过整合形式美学和功能美学,提升了教学活动的吸引力和实用性。这种教学方法不仅增强了学生的学习体验,还培养了他们的综合能力,为他们未来的发展奠定了坚实的基础。美学理论在项目式教学中的应用,不仅使教学活动充满美感,更赋予了它实际的教育价值和意义。

(二)项目式教学与美学教育的融合

项目式教学与美学教育的融合点在于它们共同追求教育的创造性和体验性。

在项目设计方面,项目式教学强调学生在真实情景中的问题解决能力,这与美学教育中对学生感知力、创造力的培养有着天然的契合点。在项目设计的过程中,教师可以引导学生从美学角度出发,选择具有美感和创造性的课题,如生态环境设计、艺术作品创作等。这不仅能激发学生的学习兴趣,还能提升他们的审美素养。

在项目展示方面,美学教育强调作品的艺术性和呈现效果,这与项目式教学中的成果展示环节相辅相成。通过美学教育的指导,学生在项目展示时不仅会注重内容的完整性和科学性,还会注重展示的美感和艺术性,例如通过绘画、摄影、视频制作等多种形式呈现项目成果。这样一来,学生不仅能够在知识上有所收获,还能够在美学素养和表达能力上得到提升。

在具体的融合策略上,教师可以采用跨学科的项目设计和多感官的教学方法。例如,在一个关于"城市公共空间设计"的项目中,可以结合美学教育的原则,指导学生从视觉艺术、建筑美学和环境美学等多个角度来进行设计和研究。通过这样的跨学科项目,学生不仅能够学到城市规划与设计的知识,还能提升自己的美学修养和设计能力。

某中学开展了"校园美化项目",在这个项目中,学生被分成若干小组,分别负责校园不同区域的美化设计。项目开始时,教师邀请了美术教师和环境设计师为学生讲授基本的美学原理和设计技巧。接着,学生进行实地考察,收集资料,并绘制设计草图。在项目实施的过程中,教师鼓励学生使用废旧材料来进行创作,这样既培养了他们的环保意识,又锻炼了他们的动手能力。最终,学生在校园内展示了他们的设计作品,并通过展览和讲解的形式向全校师生介绍他们的创作理念和过程。这不仅增强了学生的学习成就感,还提升了他们的美学素养和表达能力。

项目式教学与美学教育的融合,不仅丰富了教学内容和形式,还有效提升了学生的综合素养。教师应充分利用现代教育技术，结合美学教育的原则，设计和实施具有美学价值的教学项目，让学生在解决实际问题的过程中，提升自己的审美能力和创新能力。

(三)项目式教学设计的美学原则

项目式教学设计不仅需要关注教学内容和目标的实现，还应注重美学原则的运用，以提升学生的学习体验和教学效果。美学原则如和谐、对称和平衡在项目式教学中具有重要意义，它们不仅可以优化教学过程，还能促进学生的全面发展。

1.和谐原则

和谐不仅是指教学内容、教学形式与环境的协调一致，还包括教学内容与学生认知水平和兴趣的匹配。和谐的设计能够确保学生在学习过程中感到舒适和愉悦，从而提高他们的学习效率。例如，在设计一个科技项目时，教师可以将理论知识与实际操作有机结合，使得理论和实践相互补充，达到和谐的效果。这样的设计不仅能激发学生的学习兴趣，还能帮助学生更好地理解和掌握所学知识。

2.对称原则

对称不仅体现在物理空间的布局上，还包括教学资源的分配和教学活动的安排。合理分配时间和资源，确保每个学生都平等地参与项目活动，是实现教学对称性的关键。例如，在小组合作项目中，教师可以轮流担任不同的角色，使每个学生都能体验不同的任务，从而实现教学活动的对称性。这种安排不仅能提升学生的综合能力，还能促进团队合作精神的培养。

3.平衡原则

平衡原则强调教学内容和形式的多样性与适度性。在项目式教学中，教师应在理论与实践、个人与团队、自主学习与指导学习之间找到适当的平衡。例如，在一个跨学科的项目中，教师可以安排部分时间让学生进行自主探究，同时也提供必要的指导和支持，以确保学生既能发挥主观能动性，又不至于迷失自己。这样的平衡设计不仅能提升学生的自主学习能力，还能确保教学目标顺利实现。

二、项目式教学中的美学体验

(一)学生参与项目的美学感受

在现代教育中,项目式教学逐渐成为一种重要的教学方式,而学生在参与项目时的美学感受则对他们的学习效果和参与度有着重要影响。美学感受主要体现在两个方面:视觉吸引力和互动体验。

视觉吸引力是指教学环境、材料和资源的设计能否吸引学生的注意力,激发他们的学习兴趣。在美学设计中,色彩、布局和图像的使用至关重要。色彩丰富、设计精美的多媒体课件和教学视频能够有效吸引学生的注意力,提高他们的学习动力。例如,历史课件中使用的历史图片和视频剪辑,可以让学生更直观地感受到历史事件的氛围和细节,从而提高他们的学习兴趣和注意力。通过高质量的图像、视频和动画,教师可以创建一个视觉上令人愉悦的学习环境,这种环境不仅能吸引学生的注意力,还能增强他们的记忆力和理解力。

互动体验则涉及学生在项目中的参与度和互动性。通过现代教育技术手段,如虚拟现实(VR)和增强现实(AR)技术,学生可以沉浸在一个虚拟的学习环境中,体验到仿佛身临其境的感觉。这不仅提高了他们学习的趣味性,还增强了他们的参与感和投入度。例如,在生物课程中,通过 VR 技术,学生可以"进入"人体,观察各个器官的结构和功能,这种沉浸式体验能够大大增强他们的理解和记忆。互动白板和在线讨论平台等工具也能促进学生之间的交流与合作,分享见解,提升他们学习的深度和广度。

为了提升学生在项目式教学中的美学感受,教师可以从多个方面入手。优化教学材料的视觉设计是一个重要策略。使用色彩搭配和排版技巧,使教学材料更具吸引力。例如,在一个历史项目中,教师可以使用历史图片和视频剪辑,结合文字说明,制作出一个视觉效果出众的多媒体课件。通过这些视觉元素,学生能够更直观地理解教学内容,提高他们学习兴趣和注意力。

某高中开展了一项"未来城市"项目,学生需要设计一个未来的城市模型。为了提升视觉吸引力和互动体验,教师使用了 3D 建模和打印技术,学生不仅可以在计算机上设计出城市模型,还能通过 3D 打印技术将其制作成实物来展示。在这个过程中,学生不仅学习了城市规划和设计的知识,还体验到了从虚拟到现实的转换过程,这种体验极大地激发了他们的创造力和学习兴趣。此外,教师还组织了一个在线展示平台，学生可以在平台上展示自己的作品，并通过评论和反馈与同学和教师互动，这种互动体验增强了他们的成就感和参与感。

（二）项目内容设计的美学考量

在设计教育项目内容时，视觉展示是项目设计的核心，通过色彩、排版、图像和多媒体元素的合理运用，可以提升学生的注意力和兴趣。色彩的选择应遵循心理学原理，冷色调能让人冷静，暖色调则能激发热情。图像和视频等多媒体元素的使用能使信息更直观、更易于理解，从而促进学生的认知与记忆。设计时，应注意视觉的层次感，通过对比、对称、平衡等美学原则，确保页面的美观与信息的清晰传达。

富有互动性的项目能有效提升学生的参与感和学习效果。通过交互式的设计，如点击、拖拽、放大缩小等操作，学生不仅能更深刻地理解学习内容，还能在操作中体验到快乐。虚拟现实（VR）和增强现实（AR）技术的采用，可以为学生提供沉浸式的学习体验。例如，在历史课题中，学生可以通过 VR 技术“走进”古代文明，亲身感受历史的厚重与文化的魅力，这样的美学体验无疑会大大提升教学效果。

项目内容应以用户体验为中心，融合美学与功能性。某中学的“数字博物馆”项目通过精美的网页设计和丰富的互动元素，让学生在虚拟空间中浏览各种文物和艺术品。页面设计采用了高分辨率的图像和 3D 模型，配以简洁的文字说明，使学生在视觉上有一种身临其境的感觉。学生可以通过点击文物来获取详细的信息，并通过嵌入式视频了解文物背后的故事。这种设计不仅激发了学生的兴趣，还提升了他们的文化素养和历史知识。

“生态系统探究”项目采用了游戏化的设计策略，学生通过扮演不同的角色，如科学家、环保人士等，完成各种任务和挑战。项目设计中融入了大量的图形、动画和音效，使整个学习过程充满了趣味性和挑战性。学生通过与虚拟环境的互动，不仅学到了生态系统的相关知识，还培养了团队合作和问题解决的能力。项目的美学体验和互动性设计相得益彰，确保了教学效果最大化。

（三）项目展示与评价的美学标准

在现代项目展示与评价中，美学标准不仅能增强展示内容的科学性和逻辑性，还能在视觉和感官上极大地吸引观众。视觉吸引力是项目展示的首要标准，通过合理的色彩搭配、图形设计以及排版布局，能够有效提升展示的吸引力。展示效果则强调内容的清晰度和逻辑性，通过分步骤展示、层次分明的介绍方式，使观众能够轻松理解项目的核心内容及其价值。此外，动画和互动元素的合理运用，可以增强展示的动态感和参与感，进一步吸引观众的注意力和兴趣。

在项目评价时，美学标准也起着至关重要的作用。评价者不仅要关注项目的科学性和实用性，还要审视项目在美学上的表现。例如，评价者可以通过颜色运用的协调性、排版的精细度、图表的美观度等方面，来评估项目是否达到了预期的美学效果。美学标准的引入，能够促使学生在项目制作过程中更加注重细节，提高整体项目的质量和效果。

在项目展示策略方面，可以采用分阶段展示的方法，将项目的各个部分分解为独立的展示单元，每个单元都应按照逻辑顺序进行详细介绍。这种方法不仅能使观众更容易理解项目的整体结构和内容，还能在视觉上给予观众休息的时间，避免信息过载。采用多媒体展示技术，如视频、动画和交互式演示，这些技术能够增加展示的动态感和互动性，使展示更加生动有趣。例如，在展示一个科学实验项目时，可以通过动画来模拟实验过程，或者使用虚拟现实技术让观众可以身临其境地体验实验所在的环境。

在项目评价策略方面，可以采用多维度评价的方法，兼顾科学性和美学性。例如，可以制定一套评价量表，包含科学性指标（如数据的准确性、方法的严谨性）和美学性指标（如视觉设计、排版布局）。评价者可以根据这些指标，对项目进行全面综合的评价。此外，可以引入同行评议和观众反馈机制，通过收集不同视角的意见和建议，来进一步完善项目的展示和内容。例如，在一次项目展示活动中，观众可以通过电子设备实时提交反馈信息，评价者可以根据这些反馈，及时调整展示内容和方式，以达到项目的最佳效果。

在某次教育技术展览会上，一个关于“智能课堂”的项目展示引起了广泛关注。该项目展示采用了虚拟现实技术，让观众能够亲身体验智能课堂的教学场景。在展示过程中，项目团队还通过精美的图表和动画，详细介绍了智能课堂的技术原理和应用效果。在项目评价环节，评价者不仅关注了该项目在技术上的创新性和实用性，还特别指出了其在美学设计上的优点，如界面设计的简洁大方、色彩运用的和谐统一等，这种案例充分说明了在项目展示与评价中，美学标准的重要性和应用效果。

三、美学视野下项目式教学的设计与实施

（一）项目选题的美学标准

在现代教育技术与教学中，选择项目题目时需考虑多方面的美学标准，以确保项目能够吸引学生的兴趣并具有深刻的教育意义。视觉吸引力是其中一个重要因素，项目题目应具备较强的视觉吸引力，以吸引学生的注意力并激发他们的学习兴趣。视觉吸引力不仅包括标题的设计，还涉及项目内容的图像、视频、动画等多媒体元素的应用，通过丰富多彩的视觉效果使学生在学习过程中保持高度的参与感。通过精心设计的视觉效果，可以使学生更容易投入学习活动中，从而提升学习效果。

文化内涵也是选择项目题目时需重点考虑的美学标准。项目题目应具备深厚的文化内涵，能够引导学生在学习过程中感受到文化的魅力，理解和尊重多元文化的价值。例如，在设计跨文化交流项目时，可以选择一些具有代表性的文化现象作为题目，如中国的春节和西方的圣诞节，通过对比和分析，帮助学生深入理解不同文化背景下的传统节日及其背后的文化意义。通过这种方式，学生不仅能学到知识，还能培养他们的文化素养和拓宽他们的全球视野。

在美学视野下进行项目选题时，可采用几种策略来确保选题的美学与教学效果兼顾。选题应结合学生的兴趣和实际生活背景，从学生熟悉的生活场景或热点话题入手，使项目题目更具有亲和力和实际应用价值。例如，可以设计一个关于"校园环境美化"的项目，通过学生亲身参与校园环境的设计和改造，培养他们的环境保护意识和审美能力。这样的项目不仅与学生的日常生活紧密联系，还能激发他们的积极参与和情感投入。

选题应注重跨学科融合，通过多学科知识的整合，提升项目的综合性和深度。例如，设计一个"古建筑保护与复原"的项目，可以将历史、建筑、艺术等学科知识有机结合，让学生在研究古建筑过程中，既能掌握相关的历史知识，又能提升他们的审美能力和动手能力。跨学科的项目能够提供更丰富的知识背景和更全面的学习体验，帮助学生形成更为广阔的知识视野和思维方式。

选题应注重创新性和前瞻性，鼓励学生探索新兴领域和前沿科技。例如，可以设计一个关于"虚拟现实技术在教育中的应用"的项目，通过学生对 VR 技术的学习和实践，培养他们的创新思维和技术应用能力，同时使项目更具有时代感与

未来感。通过这种具有前瞻性的选题，学生可以接触到最新的科技发展和应用趋势，从而激发他们的创新意识和探索精神。

(二)项目实施过程中的美学指导

在项目式教学模式的实施过程中，良好的视觉设计不仅能提高学生的注意力，还能增强他们的学习体验。例如，在设计教学网页或课程内容时，色彩的搭配应遵循色彩心理学的原则，避免使用过于刺眼或不协调的颜色组合。图标和图片应简洁明了，避免过度复杂化，这样可以帮助学生更快地理解和记忆内容。版式设计需注重信息的层次感与逻辑性，使整个页面看起来条理清晰，方便浏览。

互动体验的设计同样关键。互动体验能有效增强学生的参与感和积极性，从而提高学习效果。在项目实施过程中，可以运用多种互动方式，如小组讨论、互动问答和虚拟实验等。案例研究表明，使用交互式白板和学习管理系统(LMS)可以显著提高学生的参与度和理解力。在设计互动环节时，需要考虑学生的技术水平和兴趣，以确保互动内容既具有挑战性，又不会让学生感到过于困难，从而保持他们学习的积极性。

在实际教学项目中，具体的指导策略和成功案例可以为项目实施提供有力的支持。明确项目的教学目标是第一步，并结合美学原则进行设计。例如，在一项关于环境保护的项目中，可以通过创建一个虚拟的生态系统，让学生在其中进行互动和探索。在视觉设计上，可以使用高质量的图像和动画，帮助学生更直观地理解生态平衡的概念。

教学项目的评价体系也须包含美学和互动体验的评估标准。通过学生的反馈问卷和课堂观察，教师可以分析视觉设计和互动体验对学习效果的影响。例如，在一项科学实验项目中，可以通过学生的实验报告和课堂讨论，评估虚拟实验的视觉效果和互动设计是否达到了预期的教学目标。通过这种方式，不仅能不断完善教学项目，还能为其他项目的设计和实施提供宝贵的经验和参考。

四、美学视野下项目式教学的评价与反馈

(一)评价体系的美学构建

构建项目式教学评价体系时，不仅需要关注科学性，还需要从美学角度进行深入思考。视觉展示是评价体系中的一个关键美学因素，通过色彩、排版、图表等

视觉元素，能够使评价结果更加直观、生动。例如，利用色彩区分不同的评价等级，使用图表展示学生的进步曲线，能够有效提升学生和教师对评价结果的理解和接受程度。在设计评价表单时，应当采用简洁而富有层次感的布局，使信息传达更加清晰。同时，对于电子评价系统，可以引入动态效果和视觉反馈，使学生在互动过程中获得更为愉悦的体验。

互动性是项目式教学评价体系的另一个重要美学因素。传统的评价往往是单向的，缺乏互动，而现代教育技术为我们提供了更多的互动可能性。例如，可以通过在线平台让学生参与自评和互评，教师也可以利用即时反馈工具与学生进行互动。这样不仅能提高学生的参与感，还能促使他们在评价过程中进行深度反思。此外，利用虚拟现实（VR）技术，可以创建沉浸式的评价环境，让学生在虚拟空间中进行项目展示和答辩，极大地增强了评价的互动性和趣味性。

为了确保项目式教学评价体系既具有美学又科学，可以从以下几个策略进行：设计评价标准时，应基于明确的学习目标和评价指标，确保评价内容的科学性。例如，可采用多维度的评价标准，包括知识掌握、技能应用、团队合作等方面，同时使用量化指标和质性评价结合的方式，以确保评价的全面性和准确性。在评价工具的选择上，可以结合传统的纸质评价表和现代的数字化评价系统，实现评价方式的多样化。

某高中在评价体系构建过程中融入了大量美学元素。评价报告采用图文结合的形式，利用色彩和图表提升视觉效果；引入了在线评价平台，学生可以通过平台进行自评和互评，教师也能实时查看学生的反馈并进行指导。该评价体系还利用 VR 技术让学生进行项目展示，评委通过虚拟空间对学生的表现进行即时评价。这种评价体系不仅美学效果显著，而且有效地提升了学生的学习积极性和评价的客观性。

在构建项目式教学评价体系时，须综合考虑美学与科学性，通过视觉展示和互动性提升评价体验，采用多维度、多样化的评价策略，确保评价体系的科学性和美学效果的完美结合。这不仅能够提升学生的参与感和学习的积极性，还能让教师更好地了解学生的学习状况，从而实现更有效的教学反馈。

（二）反馈机制中的美学应用

项目式教学反馈机制中的美学应用，不仅有助于增强学生的学习体验，还能提升教学活动的效果。在视觉展示方面，美学设计的应用可以大大提高反馈的吸引力和易读性。例如，利用色彩搭配、图表设计和信息图形化展示来呈现学生的学习成果和教师的反馈意见。通过色彩的合理运用,可以使反馈信息更具层次感和视觉冲击力,帮助学生更快速地理解和吸收反馈内容。通过这些视觉元素的设计,反馈不仅变得更加直观,还能激发学生的学习兴趣。

互动体验在反馈机制中的应用也是项目式教学中的重要一环。通过互动体验,可以使学生在接受反馈的过程中,主动参与和反思自己的学习过程。例如,采用游戏化的反馈工具,通过任务完成情况、奖章系统等方式,激发学生的学习兴趣和积极性。互动式的在线讨论平台也是一种有效的反馈机制,学生可以在平台上分享自己的学习体验,并提出问题,获得同伴和教师的及时反馈,从而形成一个良性互动的学习环境。这样的互动不仅增加了反馈的趣味性,还增强了学生的参与感和归属感。

在实际应用中,可以通过设计美观且功能实用的反馈工具来实现美学与功能性的兼顾。一个典型的案例是利用数字化工具如 Google Classroom 或 Edmodo 来进行项目式教学的反馈,这些工具可以将教师的反馈以视觉化的形式呈现。例如通过评分表、进度条、图表等方式,让学生直观地看到自己的学习进展和需要改进的地方。这样的设计不仅美观,还能够帮助学生更好地理解和接受反馈。

在设计反馈机制时,我们可以融入一些有创意的活动。例如,某中学在项目式教学中引入了“学习日志”的形式,学生需要定期在日志中记录自己的学习过程,并用图片、视频、手绘图等多种形式展示自己的学习心得。教师则通过在线平台对学生的日志进行评价和反馈,不仅增强了反馈的互动性,还提高了学生的创意思维和表达能力。这种方式不但美观大方,而且实用性强,深受学生的喜爱。

项目式教学中的反馈机制如果能够巧妙地与美学设计相结合,不仅能提升学生的学习体验和满意度,还能有效地促进学生的自主学习和积极参与。通过视觉展示和互动体验等美学应用,反馈机制可以变得更加生动有趣,真正实现美学与功能性的完美结合。这样的设计不仅可以激发学生的学习兴趣,还能帮助他们更好地理解和接受反馈,从而提高整体教学效果。

参考文献

[1]夏汉.美学的直觉[M].海口:南方出版社,2022.

[2]吝春妮.互联网时代的现代教育技术教学改革[M].北京:中国书籍出版社,2020.

[3]赵国东,韩冰,刘秀彬.现代教育信息技术项目化教程[M].北京:北京理工大学出版社,2021.

[4]李玉柱,孙乾冰,黄志炫.现代教育技术与美术教学研究[M].长春:吉林人民出版社,2020.

[5]萨仁高娃.现代教育技术教学应用研究[M].北京:中央民族大学出版社,2021.

[6]张宗蓝,赵健.高等教育中现代教育技术的应用研究与改革[M].北京:中国书籍出版社,2022.

[7]潘丽平,阮学,顾燕萍.教育教学理论与现代教育技术[M].长春:吉林人民出版社,2021.

[8]邱红艳,孙宝刚.现代教育技术[M].重庆:重庆大学出版社,2020.

[9]向罗生,谭小贝,孙因,等.现代技术美学[M].北京:高等教育出版社,2021.

[10]孙洋,杨瑞勋.信息化时代教育技术的创新应用[M].北京:中国书籍出版社,2023.

[11]周杰.信息化视域下现代教育技术理论与实践研究[M].长春:吉林人民出版社,2022.

[12]王利绒.现代教育技术发展与应用研究[M].长春:吉林人民出版社,2020.

[13]孙翠松.现代教育教学实践[M].北京:中国书籍出版社,2023.

[14]段维清.现代教育技术与智慧课堂的构建研究[M].北京:中国商业出版社,2022.

[15]廖基胜,鄢东,刘磊.教育教学理论与现代教育技术研究[M].长春:吉林摄影出版社,2023.